职业教育电子商务类专业精品系列教材



# 电子商务物流

# E-BUSINESS LOGISTICS

主　编◎陈　锐　付永军　梁　婧

首都经济贸易大学出版社
Capital University of Economics and Business Press
·北　京·

**图书在版编目（CIP）数据**

电子商务物流 / 陈锐，付永军，梁婧主编. -- 北京 : 首都经济贸易大学出版社，2025. 2. -- ISBN 978-7-5638-3804-2

Ⅰ. F713.365.1

中国国家版本馆 CIP 数据核字第 2025Z9562A 号

**电子商务物流**

DIANZI SHANGWU WULIU

**陈　锐　付永军　梁　婧　主编**

---

**责任编辑**　韩　泽

**封面设计**　砚祥志远·激光照排 TEL：010-65976003

**出版发行**　首都经济贸易大学出版社

**地　　址**　北京市朝阳区红庙（邮编 100026）

**电　　话**　（010）65976483　65065761　65071505（传真）

**网　　址**　http://www.sjmcb.cueb.edu.cn

**经　　销**　全国新华书店

**照　　排**　北京砚祥志远激光照排技术有限公司

**印　　刷**　唐山玺诚印务有限公司

**成品尺寸**　185毫米×260毫米　1/16

**字　　数**　297千字

**印　　张**　14.75

**版　　次**　2025年2月第1版

**印　　次**　2025年2月第1次印刷

**书　　号**　ISBN 978-7-5638-3804-2

**定　　价**　49.00元

---

# 编　委　会

**主　编**　陈　锐　付永军　梁　婧

**副主编**　刘　茜　盛　景　王江美子
张　磊　叶　静　赵雨辰
王启程

**参　编**　许灵鑫　支兴强　张艺盈
张明明　付瑞媛　王宇慧
郭思彤　张　萍

# 前　言

随着信息技术和网络技术的飞速发展，我国电子商务呈现出迅速发展的势头，在线购物的蓬勃发展，给电子商务企业带来了前所未有的发展机遇，电子商务这一现代交易形式也受到了更多人的关注。与此同时，和电子商务紧密联系的物流管理也受到了各方面的重视，人们开始认识到电子商务想要顺利发展，就必须要有科学、有效的现代物流管理作为辅助和支撑。

物流是电子商务“四流”——信息流、商流、资金流、物流中的一环，也是电子商务中商品和服务的最终体现。同时，电子商务的发展也推动着物流向更先进的方向发展。电子商务物流管理就是研究并应用电子商务物流活动规律对物流全过程、各环节、各方面进行的管理。

本书的内容共分为九个项目，包括初识电子商务物流；探寻电子商务下的物流运输；探寻电子商务下的物流仓储管理；探寻电子商务下的物流配送；探寻电子商务下的物流装卸搬运；探寻电子商务下的物流包装；探寻电子商务下的物流信息处理；探寻电子商务下的物流客服；电子商务下的物流法律制度。

本书的特点如下：

1.采用项目教学和任务导入的体例设计

本书的项目之间环环相扣，任务清晰明确。本书采用项目引领、任务驱动、故事导入、图文并茂、内容通俗易懂，具有创新精神。每个项目主要包括知识目标、能力目标、素养目标、案例导入、应用训练、学后测评等；每个任务主要有任务情景、任务目标、知识准备、任务实施等环节，其中穿插延伸阅读、想一想、知识窗、拓展提升等栏目，层次清晰、讲练结合，方便老师讲授，学生学习。

2. 贴合实际，突出实用性

本书从电子商务这一全新的视角来研究物流，紧盯国家教育教学改革的步伐，详细阐明现代电子商务物流发展的各个环节和运作流程，包括电子商务下的包装与运输装卸、仓储管理、运输与配送等重点内容。本书内容通俗易懂、案例丰富，有助于电子商务专业的学生系统地学习物流知识，了解电子商务环境下物流管理的整个体系，并增加对现代企业物流实践的认识。

3.紧紧立足职业院校培养技能型、应用型人才的定位，强化物流技能实训

当前职业学校本课程图书较多，但很多与职业学校的培养目标不符。本书紧紧立足职业院校技能型、应用型人才的培养定位，由长期从事一线教学工作的老师编写，贴合实际。本书适用于职业学校电子商务专业的专业基础课，是对电子商务专业学生物流知识的学习和普及，同时也适用于现代物流管理专业的专业技能课。

4.课程设计思路充分体现思政元素

本课程深入挖掘课程思政元素，加强劳育、美育，将高校思想政治教育融入课堂教学和改革的各环节、各方面，实现立德树人润物无声。做好思政元素与教材融合、与教师融合、与教学方法融合，将思想政治教育融入专业课程的目标、内容、方法三个方面，才能保障“课程思政”教学的有效运行，达到思政有内容、联系重依据、教育有效果的目标，具体表现在三个方面：一是调整教学目标，建立“价值塑造+能力培养+知识传授”三位一体的教学目标，强化显性思政，细化隐性思政，构建全课程育人的格局。二是优化教学设计，以社会主义核心价值观和中华优秀传统文化教育为灵魂和主线，以专业技能知识为载体，深入挖掘“电子商务物流”课程的思想政治元素，将知识传授、价值引领和思想政治教育有机融合，做到课程教学全过程育人。三是改革教学方法，对传统教学方法进行改革，利用在线课程，采用“线上+线下”混合式教学的模式，在课堂讲授、实训演练的同时，适时增加讨论、汇报、学生互评等教学环节，提高学生的课堂参与度和学习兴趣。

本书由陈锐、付永军、梁婧担任主编，刘茜、盛景、王江美子、张磊、叶静、赵雨辰、王启程担任副主编，许灵鑫、支兴强、张艺盈、张明明、付瑞媛、王宇慧、郭思彤、张萍参与编写。同时，出版社韩泽等编辑老师也为本书的出版提供了大力支持，再次一并表示衷心感谢。

为了进一步提高本书的质量，欢迎广大读者提出宝贵的意见和建议。

编者

# 目 录

# ◯ 项目一 初识电子商务物流

## ◎ 知识目标

1. 了解电子商务的概念
2. 了解物流的概念、分类及其作用
3. 理解电子商务环境下现代物流的发展趋势

## ◎ 能力目标

1. 掌握对电子商务的模式进行分类
2. 掌握电子商务的购物流程

## ◎ 素养目标

1. 能自主学习电子商务新知识、新技术
2. 具有踏实肯干的工作作风和主动、热情、耐心的服务意识

## ◎ 案例导入

近年来，随着电商销售模式的深入人心，除了像天猫、京东这样传统意义上的电商，抖音、快手等短视频平台也登上“双11”的舞台。

2022年11月12日，抖音电商发布的数据报告显示，10月31日至11月11日抖音电商内参与“双11”活动的商家数量同比增长了86%，直播带货总时长累计达3821万小时，其中有7667个直播间销售额超过百万元。当日快手也表示，10月20日至11月11日期间，电商短视频订单量同比增长超515%，买家数同比增长超40%，搜索订单量同比增长超70%。

当前越来越多的消费者选择在多平台购物。贝恩公司发布的2022年“双11”市场分析报告显示，2021年有56%的受访者表示他们计划于“双11”期间在3个及以上的平台购物，今年这一比例上升至69%。同时有37%的受访者表示，今年计划去5个及以上的平台购物。贝恩公司指出，这表明很多消费者认为不同零售商的“双11”优惠力度大同小异，不必忠于一家。

中国法学会消费者权益保护法研究会副秘书长陈音江指出，电商业界里的竞争相

对以前来说更加充分，传统电商和新型电商的边界正在变得模糊。比如，抖音上的主播会到淘宝上去，流动性越来越大。

2022年10月20日，罗永浩突然宣布入驻淘宝直播，并在随后的几天里与李诞、徐志胜、鸟鸟等脱口秀艺人开展了带货直播。在10月24日带货首日，两小时观看人数就突破千万，据第三方平台新腕估算，带货总额约为2.1亿元。

与交易额数据相比，电商更关注高质量发展，2022年“双11”多个电商平台都在强调扎根实体经济，助力实体经济发展。

京东发布的“双11”战报显示，2022年“双11”期间京东平台近1万种农产品成交额超过10万元，近三成粮油、茶叶等初加工农产品增长超过100%。天猫数据则显示，从10月31日晚8点第一波售卖启动到11月11日0点，全国多条产业带的整体成交额和2021年同期相比实现大幅度增长，主要集中在家装家居、企业服务、宠物食品和潮流玩具等领域。

“数实结合，扎根实体经济的数字电商的高质量发展是未来的一个趋势。”数字经济智库执行院长黄日涵表示，产品生产出来后一定要通过渠道进行销售，电商为实体经济赋能，就是要为它们找到流量出口。他还指出，电商与实体经济还需要有更多接地气的结合方式，“不光要对工厂，与商店的结合也是非常必要的”。

中钢经济研究院首席研究员胡麒牧在接受中青报·中青网记者采访时表示，电商平台的一端连接了10亿级的消费者，另一端连接着无数商家和产业带，需要一个良好的物流供应链服务，才能让两端更高效地连接起来。“这是电商区别于其他平台的非常大的优势，对于构建全国统一的大市场也是很核心的事，要把市场中从生产到分配到流通再到消费这几个环节打通，高效地让资源要素在其中流转起来。”

14年来，“双11”的作用从来都不仅仅是卖货，更是为电商行业指明了方向。面对近年来消费者逐渐趋于平淡的购物热情，电商到底应该如何助力实体经济高质量发展？陈音江认为，连接着供需两端的电商平台应兼顾消费者和商家的需求和利益。

**问题：**

（1）请简述传统电商与新型电商有哪些不同之处。

（2）电商应该如何做到高质量发展？

## 任务一 认识电子商务

### ➤ 任务目标

1. 了解电子商务的概念和特点

2. 掌握对电子商务的模式分类

3. 熟练操作电商平台

## ➤ 任务情景

李强经常在当当网购买图书，在京东商城购买电子产品，对于网络交易的流程可以说是游刃有余，但当刘可问李强网络交易是否就是电子商务交易时，李强一时间也答不上来。那么，什么是电子商务呢？

“e时代”购物如图1–1所示。

图1–1　“e时代”购物

## ➤ 知识准备

### 一、电子商务（Electronic Commerce）的概念

电子商务是以电子及电子技术为手段，以商务为核心，将原来传统的销售、购物渠道移到互联网上来，打破国家与地区有形无形的壁垒，使生产企业实现全球化、网络化、无形化、个性化、一体化。通俗来说，就是指利用简单、快捷、低成本的电子通信方式，买卖双方不谋面地进行各种商业和贸易活动。电子商务是以计算机网络为基础，以电子化方式为手段，以商务活动为主体，在法律许可范围内所进行的商务活动过程。

电子商务的基本组成要素包括电子商务实体、电子商务市场、交易实物，以及信息流、资金流、商流、物流（见图1–2）等。

### 二、电子商务模式

电子商务模式是指在网络环境中基于一定技术基础的商务运作方式和盈利模式。随着应用领域的不断扩大和信息服务方式的不断创新，电子商务的模式层出不穷，下面介绍几种主要模式，具体说明见表1–1。

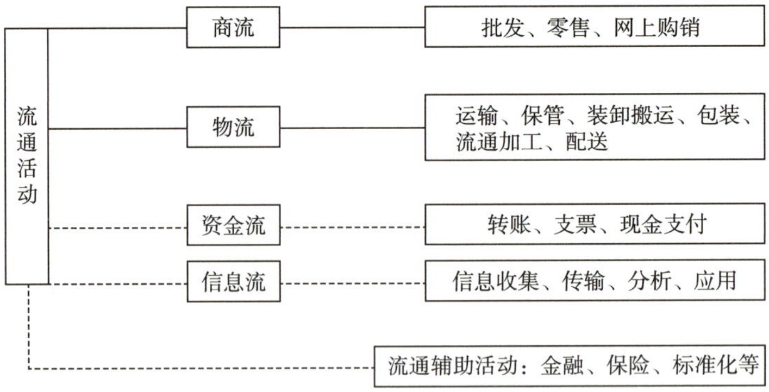


**图 1–2　电子商务中的“四流合一”**

**表 1–1　电子商务模式**

| 模式 | 说明 | 交易方式 | 案例 |
|---|---|---|---|
| B2C | 企业与消费者之间的电子商务 | 企业通过网络销售产品或服务给个人消费者 | 淘宝、当当、京东商城、亚马逊 |
| B2B | 企业与企业之间的电子商务 | 企业之间进行的电子商务活动，针对企业内部以及企业与上下游协作厂商之间的资讯整合，使用互联网进行企业与企业之间的交易，完成从订购到结算的全部交易行为 | 阿里巴巴、中国化工网、中国粮食网、 |
| C2C | 消费者与消费者之间的电子商务 | 消费者与消费者之间的互动交易行为，C2C 商务平台为买卖双方提供一个在线交易平台，卖方主动提供商品上网拍卖，买方自行选择商品进行竞价 | 易趣、闲鱼、转转 |
| O2O | 线上与线下相结合的电子商务 | 通过网购导购机，将互联网与实体店完美对接。实现线上揽客和线下服务，推广效果可查，每笔交易可跟踪 | 美团、大众点评 |
| B2G | 企业与政府之间的电子商务 | 开展政府与企业之间的各项事务，同时通过网络对企业进行宏观调控、指导规范、监督管理等 | 网上采购、电子通关、电子报税 |
| M2C | 生产厂家对消费者 | 生产厂家直接对消费者提供自己生产的产品或服务。流通环节减少至一对一，销售成本降低，从而保障了产品品质和售后服务质量 | 川力网 |
| GMC | 新型电子商务模式 | 集量贩式经营、连锁经营、人际网络、金融、传统电子商务（B2B、B2C、C2C、C2B等）优点于一身，解决了传统电子商务模式的发展瓶颈 | |

注：B代表Business；C代表Consumer；2 代表to；O代表Online或Offline；G代表Government；M代表Manufacturers。

## 三、电子商务的特点

（1）市场全球化。凡是能够上网的人，无论是在中国上网还是在美国上网，都将被包容在一个市场中，有可能成为上网企业的客户。

（2）交易快捷化。电子商务能在世界各地瞬间完成传递与计算机自动处理，而且无须人员干预，加快了交易速度。

（3）交易虚拟化。交易双方从开始洽谈、签约到订货、支付等，无须当面进行，均通过计算机互联网络完成，整个交易完全虚拟化。

（4）成本低廉化。由于通过网络进行商务活动，信息成本低，足不出户，可节省交通费，且减少了中介费用，因此整个活动成本大大降低。

（5）交易透明化。电子商务中双方的洽谈、签约，以及货款的支付、交货的通知等整个交易过程都显示在电子屏幕上，因此显得比较透明。

（6）交易标准化。电子商务的操作要求按统一的标准进行。

（7）交易连续化。国际互联网的网页，可以实现 24 小时的服务。任何人在任何时候都可以向网上企业查询信息，寻找问题的答案。企业的网址成为永久性的地址，为全球用户提供不间断的信息。

## 四、电子商务的网上购物流程

一个完整的网上购物流程包括以下步骤：

第一步：向银行申请网上银行服务。

第二步：向商务中心认可的认证机构（Certificate Authority，CA）申请认证。

第三步：浏览商务中心及其中的网上商店。

第四步：会员登录及非会员注册。

第五步：将购买的商品选入采购篮。

第六步：选定商品，确认购买，选择付款方式。

第七步：网上商店确认收到货款后就会送货上门。

## ➢ 任务实施

刘可在李强的帮助下，开通了银行卡的网银功能并顺利注册淘宝账号，现在跃跃欲试，准备购买自己心仪的商品。

第一步：启动浏览器，打开淘宝网首页，登录淘宝账号，在淘宝主页搜索框输入想买的宝贝名称，如“帆布鞋女”，点击“搜索”按钮（见图 1-3）。

第二步：在搜索结果页面上找到自己喜欢的宝贝，选中之后，点击进入宝贝详情页，如果还有其他疑问，可以通过旺旺咨询卖家。

图1–3　淘宝网首页

第三步：如果没有疑问，就可以选好颜色、尺码、购买数量等参数。点击“立即购买”按钮，进入提交订单页面（见图1–4）。

图1–4　购买商品订单

第四步：在该页面，需要认真填写自己的收货地址和联系电话，在确认无误后点击页面下端的“提交订单”按钮，进入支付页面。

第五步：在支付页面选择银行后，输入卡号及密码，并进行支付。支付完成后就意味着你已将钱支付给卖家了。最后等待卖家发货，快递人员会将宝贝送到你手上（见图1–5）。

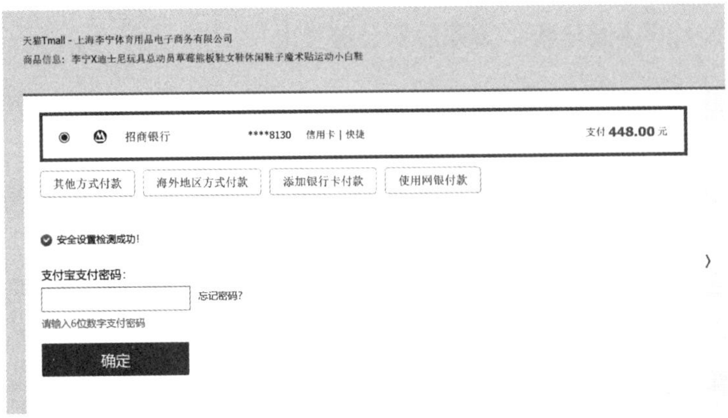


图1–5　商品支付

## ◎ 任务评价

同学们，这次任务完成的情况如何？让我们从三个方面对这次任务的质量做一个评价，并将具体评价结果填写在表1-2、表1-3中。

表1-2　任务执行情况评价表

| 自我评价（占20%） | | |
|---|---|---|
| **主要评价内容** | **分值** | **得分** |
| 是否掌握所学的理论知识 | 5 | |
| 能否根据所学知识，对案例进行分析和思考 | 5 | |
| 能否在实践中对电子商务的模式进行分类 | 10 | |
| 合计 | 20 | |
| 小组评价（占30%） | | |
| **主要评价内容** | **分值** | **得分** |
| 是否积极参与了小组的活动，并对小组任务完成做出了贡献 | 10 | |
| 是否遵守小组的纪律，并听从小组安排 | 10 | |
| 是否与小组同学合作默契 | 10 | |
| 合计 | 30 | |
| 教师评价（占50%） | | |
| **主要评价内容** | **分值** | **得分** |
| 是否掌握所学的基本知识 | 25 | |
| 能否按照老师的要求，进行独立思考和分析，并进行总结 | 25 | |
| 合计 | 50 | |
| 评语 | 教师签名：<br>年　　月　　日 | |

表 1-3 教师评语及其个人总结

| 项目 | | 内容 |
|---|---|---|
| 评语 | | 教师签名：<br>年 月 日 |
| 总结 | 学习收获 | |
| | 学习不足 | |
| | 如何改进 | |

## ◎ 拓展提升

请你从网上查找资料，归纳总结电子商务的模式及特点。

## ◎ 豁然开朗

通过学习，刘可明白了电子商务是以计算机网络为基础，以电子化方式为手段，以商务活动为主体，在法律许可范围内所进行的商务活动过程。经营模式有企业与消费者之间的电子商务、企业与企业之间的电子商务、消费者与消费者之间的电子商务、线上与线下相结合的电子商务、企业与政府之间的电子商务、生产厂家对消费者新型电子商务模式。同时，刘可也学会了电子商务网上购物的流程：一是向银行申请网上银行服务；二是向商务中心认可的认证机构申请认证；三是浏览商务中心及其中的网上商店；四是会员登录及非会员注册；五是将购买的商品选入采购篮；六是选定商品，确认购买，选择付款方式；七是网上商店确认收到货款后就会送货上门。

# 任务二 认识物流

## ➢ 任务情景

刘可通过淘宝网成功下单后，就可以等卖家进行发货了。夏清旭老师问道："你可曾知道，你的第一笔订单在到达你手中之前，经过了多少道工序？多少个批发商？多少双手？多少次运输？"让我们一起来认识物流吧！

## ➢ 任务目标

1. 掌握物流的概念
2. 能对物流进行正确的分类

## ➢ 知识准备

### 一、物流的概念

物流是指物品从供应地向接收地的实体流动过程。根据实际需要，将运输、储存、装卸、搬运、包装、流通加工、配送、信息处理等基本功能实施有机结合。

物流的概念包含以下要点：一是物流的对象是贯穿流通领域和生产领域的一切物料流以及有关的信息流，物流的研究目的是对其进行科学规划、管理与控制；二是物流的作用是将物资由供给主体向需求主体转移（包含物资的废弃与还原），创造时间价值和空间价值，并且创造部分形质效果；三是物流的活动包括运输、保管、装卸搬运、包装、流通加工以及有关的信息活动等。

### 二、物流的分类

#### 1. 按照物流系统的性质分类

（1）社会物流。社会物流是指以全社会为范畴，面向广大用户的物流。

（2）行业物流。行业物流是指一个行业内部发生的物流活动。

（3）企业物流。企业物流是指企业内部的物品实体流动。

#### 2. 按照物流活动的空间范围分类

（1）地区物流。地区物流是指在一国领域内，根据行政区域或地理位置划分的一定区域内的物流。

（2）国内物流。国内物流是指在国家自己的领地范围内开展的物流活动。

（3）国际物流。国际物流是指在两个或两个以上国家（或地区）之间所进行的物流。

#### 3. 按照物流的作用分类（见图 1–6）

（1）供应物流。供应物流是指包括原材料等一切生产物资的采购、进货运输、仓储、库存管理、用料管理和供应管理，也称为原材料采购物流。

（2）生产物流。生产物流是指在生产工艺中的物流活动。一般是指原材料、燃料、外购件投入生产后，经过下料、发料，运送到各加工点和存储点，以在制品的形态，从一个生产单位（仓库）流入另一个生产单位，按照规定的工艺过程进行加工、储存，借助一定的运输装置，在某个点内流转，又从另一个点内流出，始终体现着物料实物形态的流转过程。

（3）销售物流。销售物流是企业在销售过程中将产品的所有权转给用户的物流活动，是产品从生产地到用户的时间和空间的转移。

（4）回收物流。回收物流是指不合格物品的返修、退货，以及周转使用的包装容器从需方返回到供方所形成的物品实体流动。企业在生产、供应和销售的活动中，总会产生各种边角余料和废料，这些东西的回收是需要伴随物流活动的。

（5）废弃物物流。废弃物物流是指将经济活动中失去原有使用价值的物品，根据实际需要进行收集、分类、加工、包装、搬运、储存等，并分别送到专门处理场所时形成的物品实体流动。

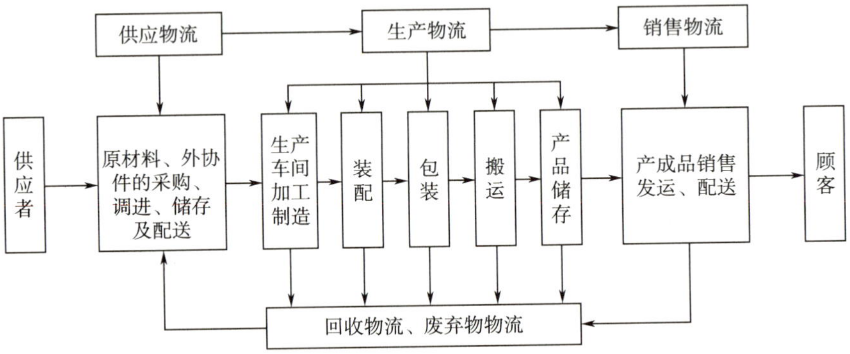


**图1-6 按照物流的作用分类**

## 案例

### 神龙公司物流系统

神龙公司是东风公司和法国雪铁龙汽车公司合资兴建的大型轿车生产企业。1992年5月18日，神龙公司在武汉市成立。神龙公司下设生产装备部、产品工程部、制造工程部、质量管理部、采购部、市场营销部、财务部、组织系统部、人事部、公共关系部十个职能部门和武汉、襄阳两个工厂。神龙富康轿车的总装配线在武汉，但是装配所需的部件和零件则来自襄阳、武汉以及全国各地供应商，包括来自法国的进口件。例如，装配所需要的发动机、变速箱等是从襄阳运来的，再加上在武汉生产的车身、车厢以及从全国各地，包括从法国购进的一些进口零部件分别上线进行装配，最后组装成一台完整的汽车。生产出来的神龙轿车又要分销到全国各个城市各个地方。神龙公司在全国设立了20个商务代表处，构成了全国的分销网络。在神龙轿车的物流系统里有供应物流、生产物流、销售物流、回收物流、废弃物物流。

## 三、物流的功能

### 1. 运输

运输是指使用各种设备和工具，将物品从一个地点向另一个地点运送的物流活动，是物质的空间转移。运输是一个增值的过程，通过创造商品的空间效用和时间效用来创造价值。

### 2. 仓储

仓储是指通过仓库或物流中心对物资进行储存和保管。仓储的作用是保证货物的使用价值和价值。

### 3. 装卸搬运

装卸是物品在指定的地点以人力或机械装入设备或卸下。搬运是在同一场所内，对物品进行水平移动为主的物流作业。装卸搬运是附属性、伴生性的活动，是物流每一项活动开始至结束必然发生的频率最高的作业。

### 4. 流通加工

流通加工是根据客户的订货要求，在物流中心进行商品加工的作业。例如，贴标签、给商品配套、细分商品等。

### 5. 配送

配送是指在经济合理区域范围内，根据用户要求，对物品进行拣选、加工、包装、分割、组配等作业，并按时送达指定地点的物流活动。

### 6. 包装

包装是指为在流通过程中保护产品、方便运输、促进销售，按一定技术方法而采用的容器、材料及辅助物等的总体名称。包装和物流的关系：包装是物流系统的构成要素之一，它既是生产的终点，又是物流的起点。

### 7. 物流信息系统

在物流范畴内，建立的信息收集、整理、加工、储存、服务工作系统，称为物流信息系统。

## 四、物流的发展

### 1. 全球化

为了实现资源和产品在国际范围内高效流动和交换，促进区域经济的发展和全球资源的合理配置，物流运作必须向全球化的方向发展。

### 2. 网络化、信息化

现代物流在信息系统的支撑下，借助于存储和运输等系统的参与和各种现代物流技术，共同完成了一个纵横交错、四通八达的物流网络。因此，物流覆盖面不断扩大，规模经济效益日益明显，社会物流成本不断下降。

### 3. 仓储现代化与运输综合化

仓储现代化要求实现高度机械化、自动化和标准化，以组织高效的人、机、物系统；运输综合化则要求建立起铁路、公路、水路、航空与管道的综合运输体系，这是现代物流的必备条件。

### 4. 协作化物流

从企业内部来讲，协作化物流是对信息、运输、存货管理、仓储、物料供应、搬运、包装、实物配送等分散的物流作业领域的综合协调管理。协作化物流通过综合供应者到消费者的供应链运作，使物流、信息流和资金流的流动达到最优化，并追求全面的、系统的综合效果。

### 5. 绿色物流

绿色物流注重生态环境，减少物流活动对环境造成的危害，促进经济和消费生活的健康发展，是当今经济可持续发展的一个重要组成部分。

## ➢ 任务实施

刘可的订单已经成功发货，请根据淘宝网发货的物流公司进行跟踪，并进行简单分析。

第一步：打开淘宝网首页。

第二步：点击“我的淘宝”中“已买到的宝贝”，如图1-7所示。

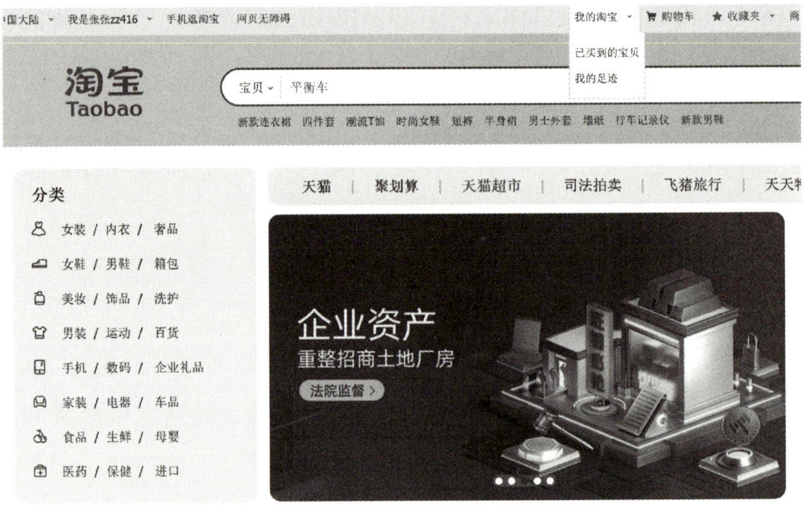


图1-7　我的淘宝

第三步：点击“查看物流”，如图1–8所示。

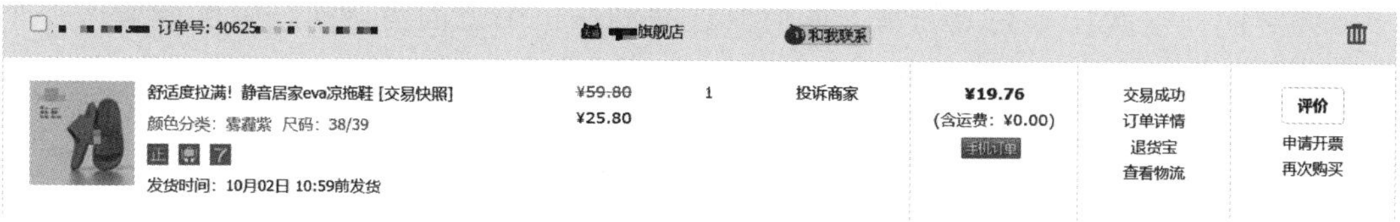


图1–8　查看物流

这里详细记录了快递公司每个环节的过程，如图1–9所示。

图1–9　快递公司运输记录

另外，在圆通快递的网页上输入运单号码，同样可以查出快件的情况，如图1–10所示。

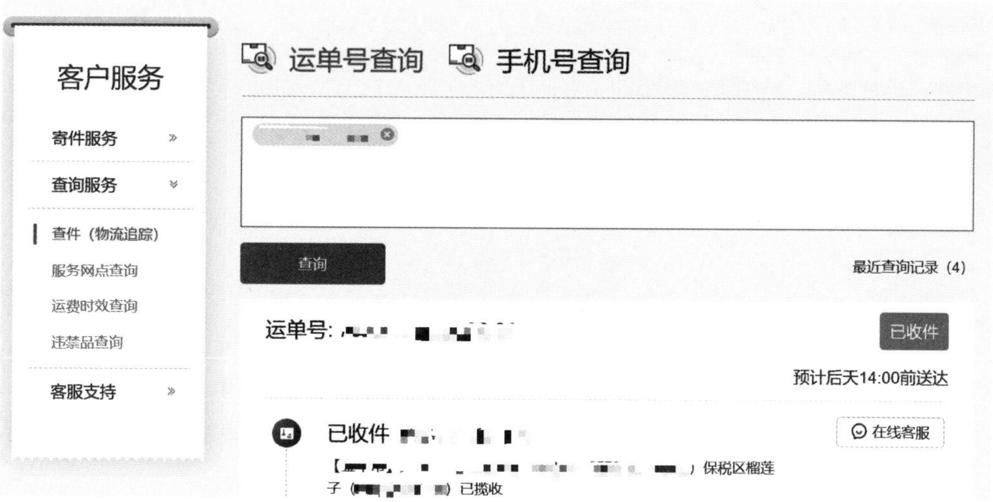


图1–10　快递查询界面

## ◎ 任务评价

同学们，这次任务完成的情况如何？让我们从三个方面对这次任务的质量做一个评价，并将具体评价结果填写在表1–4、表1–5中。

**表1–4　任务执行情况评价表**

| 自我评价（占20%） | | |
|---|---|---|
| **主要评价内容** | **分值** | **得分** |
| 是否掌握所学的理论知识 | 5 | |
| 能否根据所学知识，对案例进行分析和思考 | 5 | |
| 能否在实践中对物流进行正确的分类 | 10 | |
| 合计 | 20 | |
| 小组评价（占30%） | | |
| **主要评价内容** | **分值** | **得分** |
| 是否遵守小组的纪律，并听从小组安排 | 10 | |
| 是否与小组同学合作默契 | 10 | |
| 是否积极参与了小组的活动，并对小组任务完成做出了贡献 | 10 | |
| 合计 | 30 | |
| 教师评价（占50%） | | |
| **主要评价内容** | **分值** | **得分** |
| 是否掌握所学的基本知识 | 25 | |
| 能否按照老师的要求，进行独立思考和分析，并进行总结 | 25 | |
| 合计 | 50 | |
| 评语 | 教师签名：<br>年　　月　　日 | |

表 1-5　教师评语及其个人总结

| 项目 | | 内容 |
|---|---|---|
| 评语 | | 教师签名：<br>年　　月　　日 |
| 总结 | 学习收获 | |
| | 学习不足 | |
| | 如何改进 | |

## ◎ 拓展提升

请你从网上查找资料，归纳总结物流的实质。

## ◎ 豁然开朗

通过学习，刘可明白了物流的分类，一是按照物流系统的性质可分为社会物流、行业物流、企业物流；二是按照物流活动的空间范围可分为地区物流、国内物流、国际物流；三是按照物流的作用可分为供应物流、生产物流、销售物流、回收物流、废弃物物流。刘可还明白了物流是指物品从供应地向接收地的实体流动过程。根据实际需要，将运输、储存、装卸、搬运、包装、流通加工、配送、信息处理等基本功能实施有机结合。通过这些功能的结合，我们的产品才能顺利地摆在商场的货架上。

# 任务三　现代物流与电子商务

## ➢ 任务情景

国庆节快到了，刘立庆正在苦恼没时间去商场购买节目材料，听说刘可顺利通过电子商务平台购买到心仪的商品，也想体验一下电子商务带来的方便。但是，从下单到实际收到货物，需要多久，能不能赶上节目用呢?那就要看物流的速度了。电子商务与物流的关系十分紧密，要想让客户满意，物流必须跟得上。那么，现在让我们研究现代物流与电子商务的关系。

## ➢ 任务目标

1. 掌握现代物流和电子商务的相互影响关系
2. 能利用电子商务理论正确处理物流问题

## ➢ 知识准备

### 一、现代物流对电子商务的影响

#### 1. 物流是电子商务的重要组成部分，同时也是瓶颈所在

电子商务的本质是商务，商务的核心内容是商品的交易，而任何一笔商品交易都会涉及四个方面：商品所有权的转移（商流）、货币的支付（资金流）、有关信息的获取与应用（信息流）、商品本身的转交（物流）。其中，信息流既包括商品信息的提供、促销行销、技术支持、售后服务等内容，也包括询价单、报价单、付款通知单、转账通知单等商业贸易单证，还包括交易方的支付能力、支付信誉等。商流是指商品在购、销之间进行交易和商品所有权转移的运动过程，具体是指商品交易的一系列活动。资金流主要是指资金的转移过程，包括付款、转账等。物流是电子商务活动的组成部分。

#### 2. 物流是实施电子商务的根本保证

（1）物流保障生产。无论在传统商务方式下，还是在电子商务方式下，生产都是商品流通之本。生产从物料采购开始到产成品的销售及回收的全过程就是各种形式的物流过程，即供应物流、生产物流、销售物流、回收物流及废弃物物流。若企业有合理化、现代化的物流系统，则能保障生产的顺利进行；反之，将阻碍生产的顺利进行。电子商务作为一种贸易方式，如果没有商品生产做保障，将是无米之炊。

（2）物流服务于商流。在商流活动中，随着商品购销合同的签订，商品所有权即从卖方转移到买方，而商品实体并没有因此而移动。在传统的商品交易过程中，商流一般都必须伴随相应的物流活动。而在电子商务环境下，消费者通过上网点击购物，完成了商品所有权的交割过程，即商流过程，但电子商务的活动并未结束，只有商品和服务真正转移到消费者手中，商务活动才告终。

（3）物流是实现“以客户为中心”理念的根本保证。电子商务的出现，最大限度地方便了最终消费者。但由于商品实物必须通过物流才能到达消费者手中，因此如果商品不能准确、迅速地送达消费者，那么电子商务给消费者带来的购物便捷也就等于零，消费者必然会转向他们认为安全、可靠且熟悉的传统购物方式上。所以说物流是电子商务实现“以客户为中心”理念的根本保证，缺少了现代化物流，电子商务就难以得到迅速的推广和发展。

## 案例分析

### 顺丰速运

2024 年 1 月 17 日，在广州市某广告公司担任助理的小林接受主管委托，要分别向佛山、深圳两家单位快递文件资料。这是春节放假前主管交代的最后任务。然而，听说近期许多快递公司都已经严重爆仓，纷纷停止了向客户揽件。小林不知该怎么办。听说顺丰速运公司没有出现爆仓现象，小林便准备通过该公司递送物品。当天上午10：09，小林拨通了该公司的客服电话，说明地址后，等候。

11：09 快递员上门。只见快递员拿出 2 张运单，交给小林填写完毕；然后贴到包裹上，再拿出 2 张条形码，分别贴到运单上；最后用一台类似“大哥大”的扫描仪扫了一下，便走了。全部过程不到 5 分钟。快递员离开的时候，时间是 11：11。按照顺丰公司的规定，平时客户呼叫收件后，收递员必须在 1 小时内揽件，责任到人。小林对这个速度还比较满意。

不过，由于是春节期间，自 1 月 22 日起，不再承诺当日到达。特别担心递送速度的小林，生怕快递件被延误到春节后，下午便到顺丰速运公司官网上查询快递进程。直到1月18日上午，物品终于被递送到收件方，小林这才开始准备放假离开。

小林查询到的快递进程显示：

运单号为××××16476608的快递的日期/时间和监控记录如下：

2024-01-17　12：07：56　已取件

2024-01-17　13：06：12　快件到达广州集散点

2024-01-17　13：28：45　快件离开广州集散点

2024-01-17　16：26：52　快件离开广州集散中心

2024-01-17　22：34：31　快件离开深圳集散中心

2024-01-18　06：03：33　快件到达深圳集散点

2024-01-18　07：58：18　正在派件

2024-01-18　09：13：24　派件已签收

2024-01-18　09：20：00　签收人：贺

事实上，顺丰速运之所以没有出现大范围爆仓现象，根本原因在于“快”，效率是让客户满意的法宝。

（4）现代物流的发展是电子商务的利润源泉。以现代电子网络为平台的信息流，极大地加快了现代物流信息的传递速度，为客户赢得了最宝贵的时间，使货物运输环节、方式科学化和最佳化。以快节奏的商流和先进的信息为基础的现代物流，能够有效地减少流动资金的占用，加速资金周转，充分发挥资本的增值作用，被认为是继企业节约原材料降低物耗、提高劳动生产率之后的又一经济利润增长点，是电子商务的利润源泉。

## 二、电子商务对现代物流活动的影响

### 1. 电子商务使物流业成为国民经济的支柱行业

电子商务导致产业大重组，进而使得社会上的产业只剩下两类：一类是实业，包括制造业和物流业；另一类是信息业，包括服务、金融、信息处理业等。其中在实业中，现代物流业必将得到强化，物流活动从流通领域向生产领域渗透，物流业涉及第一、第二、第三产业和全部社会再生产过程，物流产业演变为一个非常庞大而且复杂的领域，并逐渐成为国民经济的支柱行业，现代物流业将成为一个国家经济竞争力的决定性因素，成为国民经济新的增长点，成为联系其他产业的纽带和桥梁。

### 2. 电子商务缩短了货物流程，改变了货物流动方向

电子商务缩短了生产厂家与最终用户之间供应链上的距离，改变了传统市场的结构。企业可以通过自己的网站省去传统的经销商渠道与客户直接沟通。虽然目前很多非生产企业的商业网站继续充当了传统经销商的角色，但由于它们与生产企业和消费者都直接互联，只是通过一个虚拟的信息与组织中介，无须设置多层实体分销网络(包括人员与店铺设施)，也无须存货，因此仍然降低了流通成本，缩短了流通时间和物流路径。

### 3. 电子商务将极大地促进第三方物流的发展

电子商务企业采用第三方物流服务，将自己不擅长的业务外包给专业的物流企业，有利于企业资源优化配置，将有限的人力、物力集中于核心业务，节省成本、降低库存、提高客户服务水平，从而增强企业的竞争力，使企业能在激烈的竞争中赢得主动。

### 4. 电子商务降低了采购成本，提升了配送地位

传统的采购极其复杂，而在电子商务环境下，企业的采购过程变得简单、顺畅。特别是通过互联网采购，可以接触到更大范围的供应厂商，因而也就产生了更为激烈的竞争，同时也降低了采购成本。对于在专用增值网上使用电子数据交换的大公司，可以降低采购过程中的劳务、印刷和邮寄等费用，通常公司可由此节约5% ~10%的采购成本。

配送在其发展初期，主要是以促销手段的职能来发挥作用。然而，在电子商务时代，电子商务的命运与配送业连接在了一起。电子商务使制造业与零售业实现“零库存”，实际上是将库存转移给了配送中心，配送中心成为整个社会的仓库，配送业的地位也大大得到了提高。从某种程度上说，电子商务时代的物流方式就是配送方式。

### 5. 电子商务促进物流业的改善和提高

首先，电子商务将促进物流基础设施的改善。电子商务高效率和全球性的特点，要求物流也必须达到这一目标。而物流要想达到这一目标，良好的交通运输网络、通信网络等基础设施则是最基本的保证。

其次，电子商务将促进物流技术的进步。物流技术主要包括物流硬技术和软技术。物流硬技术是指在组织物流过程中所需的各种材料、机械和设施等；物流软技术是指组织高效率的物流所需的计划、管理、评价等方面的技术和管理方法。物流技术水平的高低是影响物流效率的一个重要因素。

最后，电子商务将促进物流管理水平的提高。物流管理水平的高低直接决定和影响着物流效率的高低，也影响着电子商务高效率优势的实现。只有建立科学、合理的管理制度，将科学的管理手段和方法应用于物流管理当中，才能确保物流的畅通进行，实现物流的合理化和高效化，从而促进电子商务的发展。

## ➢ 任务实施

刘立庆通过淘宝网和京东商城的价格对比，决定在京东下单购买国庆节的节目活动用品。

第一步：注册。点击京东首页顶部“免费注册”（图 11–1），进入注册页面；填写用户名、密码、邮箱（申请免费邮箱）等个人信息进行注册；选中“我已阅读并同意《京东商城用户协议》”，并点“完成按钮”完成注册。

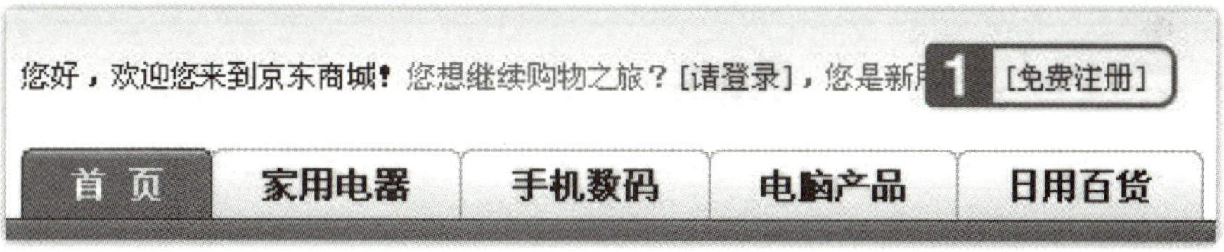


**图 1–11　京东首页“免费注册”**

第二步：查找商品。可以通过左侧的商品分类查找和在顶部的搜索框输入商品型号。比如，查找齐心纸杯，纸杯 50 个，9.5 元。

第三步：比价。在淘宝查找齐心纸杯，价格为 9.9 元，比京东价格高 0.4 元，所以刘立庆决定在京东购买纸杯。

第四步：下单。点击“购买”，商品会自动添加到购物车里；去购物车并结算，如图 1–12 所示。

图 1–12　京东购物车

第五步：付款。选择支付方式、配送方式等，如图 1–13 所示。

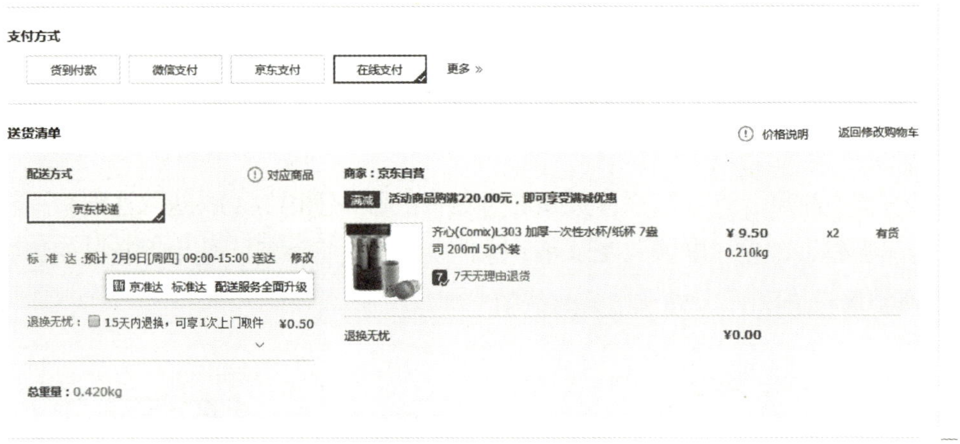


图 1–13　京东付款

分析：

淘宝网与京东商城电子商务的不同点和物流情况：京东属于自营式电商企业，采取B2C的经营模式，直接面对消费者，通过京东自营的快递从就近的京东营业点发货。淘宝属于C2C，即个人对个人，开店的一般是个体，直接面对消费者，快递也是有很多家，具体发什么快递，要看商家是和哪家快递合作的。

## ◎ 任务评价

同学们，这次任务完成的情况如何？让我们从三个方面对这次任务的质量做一个评价，并将具体评价结果填写在表 1–6、表 1–7 中。

**表 1-6　任务执行情况评价表**

| | | |
|---|---|---|
| 自我评价（占20%） | | |
| **主要评价内容** | **分值** | **得分** |
| 是否掌握所学的理论知识 | 5 | |
| 能否根据所学知识，对案例进行分析和思考 | 5 | |
| 能否在实践中利用电子商务理论正确处理物流问题 | 10 | |
| 合计 | 20 | |
| 小组评价（占30%） | | |
| **主要评价内容** | **分值** | **得分** |
| 是否积极参与了小组的活动，并对小组任务完成做出了贡献 | 10 | |
| 是否遵守小组的纪律，并听从小组安排 | 10 | |
| 是否与小组同学合作默契 | 10 | |
| 合计 | 30 | |
| 教师评价（占50%） | | |
| **主要评价内容** | **分值** | **得分** |
| 是否掌握所学的基本知识 | 25 | |
| 能否按照老师的要求，进行独立思考和分析，并进行总结 | 25 | |
| 合计 | 50 | |
| 评语 | 教师签名：<br>年　　月　　日 | |

**表 1-7　教师评语及其个人总结**

| **项目** | | **内容** |
|---|---|---|
| 评语 | | 教师签名：<br>年　　月　　日 |
| 总结 | 学习收获 | |
| | 学习不足 | |
| | 如何改进 | |

## ◎ 任务拓展

请你从网上查找资料，归纳总结电子商务和物流之间的关系。

## ◎ 豁然开朗

通过学习，刘立庆掌握了以下内容，首先，物流是电子商务的重要组成部分，物流是实施电子商务的根本保证：物流保障生产；物流服务于商流；物流是实现“以客户为中心”理念的根本保证。其次，电子商务对现代物流活动的影响：电子商务使物流业成为国民经济的支柱行业；电子商务缩短了货物流程，改变了货物流动方向；电子商务将极大地促进第三方物流的发展；电子商务降低了采购成本，提升了配送地位；电子商务促进物流业的改善和提高。

## ◎ 应用训练

实训目的：通过实训，了解目前电子商务的模式有哪些。

实训内容：通过网络搜集分析中国的电商企业都有哪些模式，进行实地调研，了解电子商务模式，其中哪些电子商务模式有创新；另外，这些电子商务模式的代表企业有哪些，分析这些模式的优势和不足，并将这些电子商务模式进行对比。

实训要求：参与学生以分组的形式，在教师的指导下，分工协调完成实地调研和资料收集，并将资料分类整理，进行小组讨论，形成最终的实训报告。

## ◎ 学后测评

**一、判断题**

1. 电子商务是以计算机网络为主体，以电子化方式为手段，以商务活动为基础，在法律许可范围内所进行的商务活动过程。（　　）

2. 商流活动是指商品或服务的所有权转移，其标志是提货单、房产证等法律文书的转移。（　　）

3. 行业物流从企业角度研究与之有关的物流活动，是宏观的物流活动的典型领域，也称大物流。（　　）

4. 回收物流是指将经济活动中失去原有使用价值的物品，根据实际需要进行收集、分类、加工、包装、搬运、储存等，并分别送到专门处理场所时形成的物品实体流动。（　　）

5. 所谓装卸是指随物品运输和保管而附带发生的作业。（　　）

**二、不定项选择题**

1. 电子商务要素中最重要的是（　　）。

A. 商流　　B. 资金流　　C. 信息流　　D. 物流

2. 企业与企业之间的经营模式称为（　　）。

A. B2B　　B. C2B　　C. GMC　　D. B2G

3. 废弃物物流仅从（　　）角度出发考虑。

A. 利用价值　　B. 保护环境　　C. 空间占用　　D. 运输成本

4. 在电子商务方式下，物流的运作是以（　　）为中心的。

A. 运输　　B. 信息　　C. 配送　　D. 包装

5. 电子商务时代的物流方式就是（　　）方式。

A. 运输　　B. 信息　　C. 配送　　D. 包装

6. 电子商务的任何一次交易过程中，都包括（　　）。

A. 商流　　B. 资金流　　C. 信息流　　D. 物流

7. 电子商务中的信息流主要包括（　　）。

A. 商品的售前售后涉及的各类信息

B. 交易过程中的各种贸易单证

C. 提货单、房产证等法律文书的转移的信息

D. 交易各方的支付能力、支付信用和中介信用等

8. 企业与消费者之间的经营模式可划分为（　　）。

A. 虚拟社群　　B. 线上线下　　C. 上下游整合　　D. 广告网络

9. 按物流系统的性质，可将物流分为（　　）。

A. 国际物流　　B. 社会物流　　C. 行业物流　　D. 企业物流

10.之所以说物流是实施电子商务的根本保证，是因为（　　）。

A. 物流保障生产

B. 物流服务于商流

C. 物流是实现“以客户为中心”理念的根本保证

D. 商流服务于物流

**三、思考题**

1. 试述电子商务的概念及其模式。

2. 举一个你熟悉的B2C、O2O的例子，并说明其特点。

3. 简述电子商务对现代物流的影响。

4. 试述物流的基本功能，并选择你认为最重要的功能，说明理由。

# ◎项目二 探寻电子商务下的物流运输

## ◎ 知识目标

1. 了解物流运输的概念、方式及特点
2. 熟悉集装箱运输的概念及种类
3. 熟悉国际多式联运的概念及种类

## ◎ 能力目标

1. 能确定合理运输的方法
2. 能辨别不合理运输的方法

## ◎ 素养目标

1. 充分认识物流运输对电子商务活动及社会生产生活活动的价值
2. 培养学生对物流运输业务认真负责的职业态度和精益求精的职业精神

## ◎ 案例导入

海南四面环海，瓜果蔬菜香溢岛内，绿地植被铺满宇间，其美丽的同时，也远离了内陆市场。作为岛内瓜果蔬菜流通最主要的交通运输工具汽车，每逢季节性旺季，汽车运输的优势就显露无遗，有时能达到95%。由于瓜果蔬菜的独特属性，其颜色、鲜味、味道、水分不适于长期储运、周转装卸，也不耐高温，破损率又高，所以海南岛内的瓜果蔬菜通常选用货车来进行运输。一方面，货车运输瓜果蔬菜速度快、装卸快，进出入各大销售网点市场比较方便，有利于长途运输和配送；另一方面，货车运输蔬菜是国内最重要的运输方式，承运量大、覆盖面广、运价适中，和海南的生态农业快速流通的理念相符。尽管铁路、航空、水路运输也能缓解岛内绿色农产品出岛高峰时期的压力，但由于这些运输方式本身的缺陷，无法解决海南瓜果蔬菜运输的根本问题，也不适合海南的实际情况，所以公路运输成为海南瓜果蔬菜运输的上上之选。在这些运输方式的保证下，北方城市都可以吃到海南新鲜的瓜果蔬菜，而运输的功能在产品转移上可以提高产品价值链，使海南的瓜果蔬菜在冬季更有优势，这就是运输的力量。

**问题：**

(1) 海南新鲜的瓜果蔬菜是如何运输到全国各地的?

(2) 为什么在发挥物流作用的时候，都必须要将运输工作做好?

## 任务一 认识物流运输

### ➢ 任务情景

运输是物流的关键环节，刘可在实习过程中接到了关喆经理安排的任务：有一批100万吨的煤炭，由山西大同运往河北秦皇岛；还有一批10吨的海南水果运往郑州。刘可应该采用什么样的物流运输方式呢？不同的运输方式分别有哪些不同的特点呢？我们带着这些问题来学习物流运输的知识吧。

### ➢ 任务目标

1. 掌握物流运输的概念和作用
2. 能正确运用不同的物流运输方式

### ➢ 知识准备

#### 一、物流运输的概念

物流运输是指用设备和工具，将物品从某一地点向另一地点运送的物流活动。其中，包括集货、分配、搬运、中转、装入、卸下、分散等一系列操作。

#### 二、运输的主要方式及其特点

运输的主要方式有水路运输、公路运输、铁路运输、航空运输、管道运输。其各自的特点见表2–1。

1. 水路运输

水路运输是指使用船舶等浮运工具，在江、河、湖、海及人工水道上载运客货的一种运输方式。其主要承担大吨位、长距离的货物运输，是在干线运输中起主力作用的运输形式。在内河及沿海，水路运输也常作为小型运输工具使用，担任补充及衔接大批量干线运输的任务（图2–1）。

图2-1 水路运输

基础设施：航道和港口，以及船舶及装卸机械等运输工具。

主要功能：

(1) 适用于大批量货物，特别是散装货物运输。

(2) 承担原材料、半成品，如建材、石油、煤炭、矿石和粮食等低价值货物的运输。

(3) 国际贸易运输的主体。

### 2. 公路运输

公路运输是指主要使用汽车，也使用其他车辆（如人、畜力车）在公路上进行客货运输的一种方式。在综合运输体系中，公路运输的灵活性是最强的，具体表现为：可以实现“门到门”运输、即时运输，且起运批量最小、服务范围广，能最大限度地满足货主个性化的服务需求（图2-2）。

图2-2 公路运输

设施：公路、公路车站和车辆。

主要功能：近距离、小批量的客货运输和水路、铁路运输难以到达地区的长途、大批量货运，以及铁路、水路优势难以发挥的短途运输。

### 3. 铁路运输

铁路运输是指利用机车等技术设备沿铺设轨道进行的运输方式。铁路运输速度快，不受自然条件限制，可以承担长距离、大数量的货运，且运价低，是干线运输中的主要运输形式（图2–3）。

图2–3　铁路运输

设施：铁路、机车、车辆、火车车站及辅助设施。

主要功能：长距离、大批量的客货运输。

### 4. 航空运输

航空运输是指使用飞机或其他航空器进行客货运输的一种形式。航空运输速度快，适合高价值、急需物资的运输，特别在长距离运输（尤其是跨国运输）中显示出其无可比拟的优势（图2–4）。

图2–4　航空运输

设施：航空港、飞行器和航管设施。

主要功能：时效性强或紧急需要的货物；单位价值高、运费承担能力强的货物。

### 5. 管道运输

管道运输是指利用管道输送气体、液体和粉状固体的一种运输方式。管道运输数量大，适合于大且连续不断运送的物质，主要是原油、天然气、煤浆和流体的化学物品等。

设施：管道线路和管道两端的气泵站。

形式：液体管道（主要运送石油及其制品）、气体管道（主要运送天然气）、浆体管道（运送煤浆）。

主要功能：原油及其制品、天然气、煤炭的运输。

**表2-1 主要运输方式的特点**

| 运输方式 | 优势 | 劣势 |
|---|---|---|
| 水路运输 | 高运力、低成本 | 运输速度慢；线路迂回；受自然条件影响大；港口的装卸费用较高；可靠性差 |
| 公路运输 | 普遍性；灵活性；快捷可控；运输车辆的资金投入较低；包装成本低；由于公路运输的以上特性使其在零担货物运输方面具备强大优势；货运适应性增强 | 运输能力低；单位运费高；交通事故及公害问题多 |
| 铁路运输 | 运载能力大；速度较快；污染少；受天气条件限制少、安全可靠 | 灵活性差；费工、费时，增加了货物的在途时间；由于装卸次数多，铁路运输中的货损率比较高；铁路设施修建成本较高，建设周期较长 |
| 航空运输 | 运输速度快；受地形条件限制小；经济效益好；服务质量高、安全可靠；节约包装、保险、利息等费用 | 运输成本高；对大件货物或大批量货物的运输有一定的限制；有些货物禁用空运；飞机飞行安全容易受恶劣天气影响，恶劣天气可能造成飞机延误和偏航 |
| 管道运输 | 不受地面气候影响，可以全天候 24 小时、全年 365 天连续作业；货物无须包装；货物在管道内移动，货损率很低，稳定性好；单向运输，没有回空问题；耗用能源少，占地少，安全，公害少；经营管理相对简单；单位运营成本低，管道运营仅需气站的极少数维护人员，人工成本低 | 运输对象过于单一；机动灵活性小，局限于固定的管道内运送货物，且为单向运输；管道建设初期的固定投资成本大 |

## 三、集装箱运输

### 1. 集装箱的定义

根据国际标准化组织的规定，集装箱的定义是：

（1）能长期反复使用，具有足够的强度。

（2）途中转运时，不用搬动容器内的货物可直接换装。

（3）可进行快速装卸，并从一种运输工具直接换装到另一种运输工具上。

（4）便于货物的装满和卸空。

（5）具有1立方米以上的容积。

### 2. 集装箱的种类

根据集装箱用途的不同，可分为特种货物集装箱、航空集装箱和普通货物集装箱。

（1）特种货物集装箱。特种货物集装箱是指用于装运需控温货物、液体和气体货物、散货、汽车和活动物等特种货物的集装箱，包括保温集装箱、散料集装箱、罐式集装箱和按货物命名的集装箱（如汽车集装箱、服装集装箱、动物集装箱等）。

（2）航空集装箱。航空集装箱是指与空运有关的集装箱，包括空运集装箱和空陆水联运集装箱。

（3）普通货物集装箱。普通货物集装箱是指除特种货物集装箱及航空集装箱以外的各类集装箱的总称，包括通用集装箱、通风集装箱、开顶集装箱、台架式集装箱及平台式集装箱。

### 3. 集装箱运输的形式

（1）整箱货。整箱货是指一个货主托运的足以装满一个集装箱的货物。整箱货物可由发货人自行装箱，向海关办理货物出口报关手续，经海关检验后，由海关对集装箱进行施封。

（2）拼箱货。拼箱货是指一个货主托运的货物不能装满一个集装箱，须由集装箱货运站或货运代理人将分属于不同货主的同一目的地的货物合并装箱的货物。拼箱货物经海关检验后，由海关对集装箱进行施封。

## 四、国际集装箱多式联运

国际集装箱多式联运是在集装箱运输的基础上产生与发展起来的新型运输方式。实践证明，国际集装箱多式联运不仅是实现“门到门”运输的有效方式，也是能取得较好经济效益的运输方式。在国际贸易过程中，作为国际物流中的一个组成部分，国际多式联运得到了快速的普及和发展。

### 1. 国际多式联运的概念

国际多式联运是指按照国际多式联运合同，以至少两种不同的运输方式，由多式联运经营人将货物从一国境内接管货物的地点运至另一国境内指定交付货物的地点（图2–5）。

### 2. 国际多式联运的特征

（1）必须要有多式联运合同。

（2）必须使用全程多式联运单据。

图2-5　国际多式联运

（3）必须是至少两种不同运输方式的连贯运输。

（4）必须是国际之间的货物运输。

（5）必须是多式联运经营人对全程单一负责制。

（6）必须是全程单一运费费率。

### 3. 国际集装箱多式联运常见的形式

（1）大陆桥运输。大陆桥运输是指以集装箱为主要运输工具，将大陆当成连接两端海运的桥梁，使集装箱船和专用列车结合起来，形成海—陆—海连接的运输方式。

（2）微桥运输。微桥运输是指在内陆某地装箱的货物不是运往最近的港口，而是通过陆运运往从整个运输系统来说最为便捷、经济的港口。例如，往来于日本和美东内陆城市匹兹堡的集装箱货物，可从日本海运至美国西海岸港口，如奥克兰，然后通过铁路直接联运至匹兹堡，全程一份合同、一套单证、一次托运、一次计费、一次保险，这样可以完全避免进入美东的费城港，从而节省了在该港的港口费支出。

（3）海上—航空。海上—航空属于联合运输方式，这种联合方式又被称为空桥运输，兼有空运的速度和海运的经济性，在国际贸易中被广泛运用。这种联运方式适用于电器、电子产品、计算机和照相器材等高价值的商品以及玩具、时装等季节性需求极强的商品。

（4）航空—公路。航空—公路也属于联合运输方式，在国际运输中，货物集散必然使用公路运输。例如，在欧洲和美国，用卡车长距离运输航空货物（有时穿越国界）的情况十分常见。

（5）铁路—公路—内河或者海上—铁路—内河。当货物必须使用海运方式从一国运出来，且必须使用一种或一种以上的内陆运输方式（如铁路、公路或内河）将货物从始发国的内陆中心运到其海港，或从目的国的海港运到其内陆中心时，一般使用该方式。

国际多式联运货物交接方式如图2–6所示。

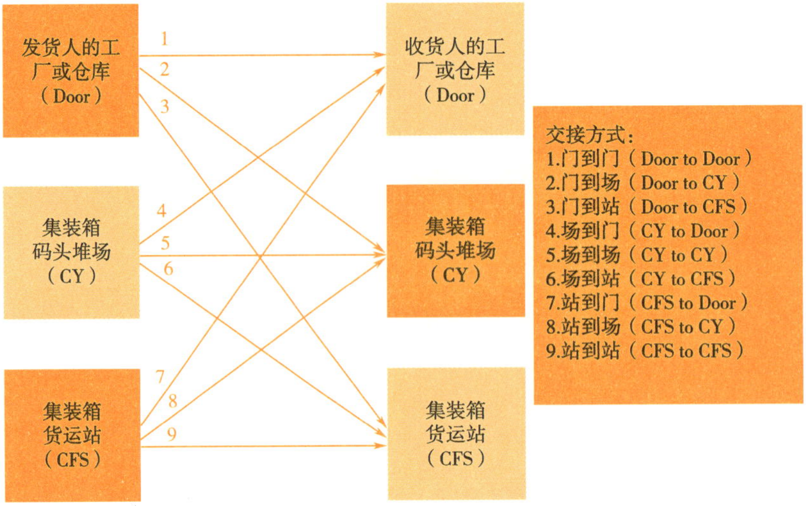


**图2–6 国际多式联运货物交接方式**

## ➢ 任务实施

关喆作为物流公司的经理，他安排给刘可一次运输任务：采用什么样的运输方式将100万吨的煤炭由山西大同运往河北秦皇岛？采用什么样的运输方式将10吨的海南水果运往郑州？

分析：

100万吨煤炭采用铁路运输，10吨水果采用公路运输。

100万吨煤炭分量过重，不适合用空运与管道运输，又因为山西大同并无什么河流，所以排除航运、河运、海运。

货车运输水果速度快、装卸快，进出入各大销售网点市场比较方便，有利于长途运输和配送；另外，货车运输水果是国内最重要的运输方式，承运量大、覆盖面广、运价适中，和海南的生态农业快速流通的理念相符。尽管铁路、空运、海路船运也能缓解岛内绿色农产品出岛高峰时期的压力，但由于这些运输方式本身的缺陷，无法解决海南瓜果运输的根本问题，也不适合海南的实际情况，所以公路运输是海南水果运输的上上之选。

## ◎ 任务评价

同学们，这次任务完成的情况如何？让我们从三个方面对这次任务的质量做一个评价，并将具体评价结果填写在表2–2、表2–3中。

**表2-2　任务执行情况评价表**

| | | |
|---|---|---|
| 自我评价（占20%） | | |
| **主要评价内容** | **分值** | **得分** |
| 是否掌握所学的理论知识 | 5 | |
| 能否根据所学知识，对案例进行分析和思考 | 5 | |
| 能否在实践中确定合理运输的方法 | 10 | |
| 合计 | 20 | |
| 小组评价（占30%） | | |
| **主要评价内容** | **分值** | **得分** |
| 是否积极参与了小组的活动，并对小组任务完成做出了贡献 | 10 | |
| 是否遵守小组的纪律，并听从小组安排 | 10 | |
| 是否与小组同学合作默契 | 10 | |
| 合计 | 30 | |
| 教师评价（占50%） | | |
| **主要评价内容** | **分值** | **得分** |
| 是否掌握所学的基本知识 | | |
| 能否按照老师的要求，进行独立思考和分析，并进行总结 | | |
| 合计 | | |
| 评语 | 教师签名：<br>年　月　日 | |

**表2-3　教师评语及其个人总结**

| **项目** | | **内容** |
|---|---|---|
| 评语 | | 教师签名：<br>年　月　日 |
| 总结 | 学习收获 | |
| | 学习不足 | |
| | 如何改进 | |

### ◎ 拓展提升

（1）从网上查找资料，归纳总结物流运输各种方式的特点，并在此基础上对比分析它们之间的不同点。

（2）杭州某丝绸厂向美国加利福尼亚出口一批丝绸衣物，该用什么运输方式将货物运送到目的地？

答：空运或海运。考虑到丝绸产品价值高、重量轻、体积小的特点，如果货品批量较小，多数采用空运；如果货品批量大，则空运成本较高，经济性较差，此时可选择海运。但海洋运输较慢，运输时间长，丝绸服装多为时装，对上市的时效性要求高，选择海运，要考虑到这一情况，适当提前发货时间。

（3）10 000立方米天然气从新疆运达北京，该怎么运输？

答：管道运输。根据天然气的资源状况和目前的勘探形势，国家决定启动西气东输工程，加快建设天然气管道，除了已建成的陕京天然气管线，还要再建设3条天然气管线，即塔里木—上海、青海涩北—西宁—甘肃兰州、重庆忠县—湖北武汉的天然气管道，从狭义上讲，西气东输又是特指新疆塔里木至长江三角洲的输气工程。

### ◎ 豁然开朗

刘可通过学习了解了不同运输方式的特点，认识到应该采取适合企业自身发展的运输方式，提高方便性，节省成本，这样才能取得好的经济效益；尤其要加强集装箱、国际多式联运等国际贸易运输方式的学习，立志成为一名国际化的物流人才。

## 任务二　物流运输的合理化

### ➤ 任务情景

刘可明显感觉到当前的商业环境正在发生显著的变化，市场竞争越加激烈，客户的期望值正在日益提高。为适应这种变化，企业的物流工作必须进行革新，创建出一种适合企业发展、让客户满意的合理化的物流运输。那么，选择什么样的运输方式更合理呢？现在就让我们认识物流的合理化。

### ➤ 任务目标

1. 了解运输的合理化
2. 熟悉运输不合理化的形式
3. 能对运输合理化的途径进行规划

# ➤ 知识准备

## 一、运输合理化

合理运输就是在考虑各种实际存在的约束条件下，充分并有效地利用各种运输工具的运输能力，以最少的人、财、物消耗，及时、迅速、按质、按量和安全地完成运输任务。“合理”，就是运输方案符合约束条件，运输方式选择合理，运输路线合理，运输环节、运输时间和运输费用最少。合理运输的约束有技术约束、特殊调度约束、用户质量要求约束、供需协调约束、订货发货起点约束、运输约束等。

## 二、影响运输合理化的因素

### 1. 运输距离

在运输的过程中，运输时间、运输货损、运费、车辆周转等运输的若干技术经济指标，都与运输距离有一定的比例关系，运输距离的长短是运输是否合理的一个最基本因素。

### 2. 运输环节

在运输业务货物运送中，需要进行装饰、搬运、包装、装运等工作，多一道环节，就会增加起运和最后的运输总费用。因此，减少运输环节，尤其是同类运输工具的运输环节，对合理运输有促进作用。

### 3. 运输时间

在全部物流时间中，运输时间占绝大部分，尤其是远程运输，因此运输时间的缩短对整个流通时间的缩短起决定性的作用。此外，运输时间缩短，还有待加速运输工具的周转，充分发挥运力效能，提高运输线路通过能力。“时间就是金钱，速度就是效益”，运输不及时，不仅会造成客户时间的浪费，而且公司自身也容易因失信而失去客源。

### 4. 运输工具

各种运输工具都有其优势领域，对运输工具进行优化选择，最大限度地发挥运输工具的特点和作用，是运输合理化的重要一环。

### 5. 运输费用

运输费用在全部物流费用中占很大的比例，运输费用的高低在很大程度上决定了整个物流系统的竞争能力。实际上，相对较低的运输费用，无论对货主还是对物流企业都是运输合理化的一个重要的标志。运输费用的高低也是各种合理化措施是否行之有效的最终判断依据之一。

上述各因素，既相互联系，又相互影响，有时还相互矛盾，运输时间短，费用却不一定省，这就需要进行综合分析，寻找最佳的方案。在一般情况下，运输时间短，运输费用省，是考虑合理运输的关键，因为这两个因素集中体现了物流运输过程中的经济效益。

## 三、不合理运输的形式

不合理运输是在现有条件下可以达到的运输水平而未达到，从而造成了运力浪费、运输时间增加、运费超支等问题的运输形式。目前我国存在的不合理运输形式主要有以下几种。

### 1. 返程或起程空驶

空车无货载行驶，可以说是不合理运输最严重的形式。在实际运输组织中，有时候必须调运空车，从管理上不能将其看成不合理运输。但是，因调运不当、货源计划不周、不采用运输社会化而形成的空驶，是不合理运输的表现。造成空驶的不合理运输主要有以下几个原因：

（1）能利用社会化的运输体系而不利用，却依靠自备车送货提货，这往往会出现单程重车、单程空驶的不合理运输。

（2）由于工作失误或计划不周，造成货源不实、车辆空去空回，形成双程空驶。

（3）由于车辆过分专用，无法搭运回程货，只能单程实车、单程回空周转。

### 2. 对流运输

对流运输也称为“相向运输”“交错运输”，是指同一种货物，或彼此间可以互相代用而又不影响管理、技术及效益的货物，在同一线路上或平行线路上做相对方向的运送，而与对方运程的全部或部分发生重叠交错的运输。已经制定了合理流向图的产品，一般必须按合理流向的方向运输，如果与合理流向图指定的方向相反，也属于对流运输（图2–7）。

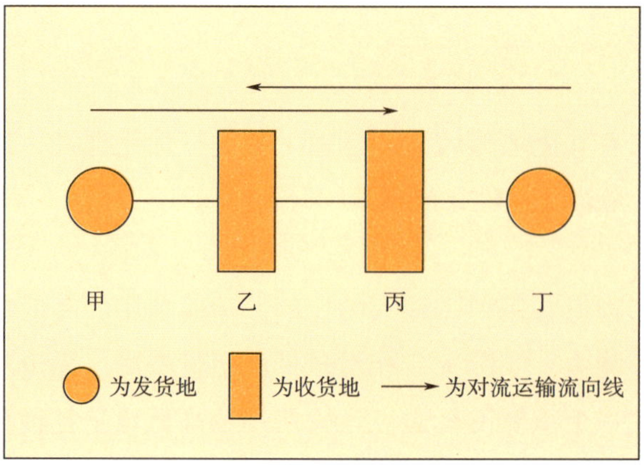


**图2–7　对流运输**

例如，甲公司在西安，乙公司在太原，甲公司要将100吨苹果从西安运往太原，同时乙公司也要将同样品种的100吨苹果从太原运往西安，这样就导致对流运输而造成浪费。

3. 迂回运输

迂回运输是舍近求远的一种运输，可以选取短距离进行运输而不办，却选择路程较长的路线进行运输的一种不合理形式。迂回运输有一定复杂性，不能简单处之，只有因计划不周、地理不熟、组织不当而发生的迂回，才属于不合理运输，当最短距离有交通阻塞、道路情况不好或有对噪声、排气等特殊限制而不能使用时发生的迂回，不能称为不合理运输（图2–8）。

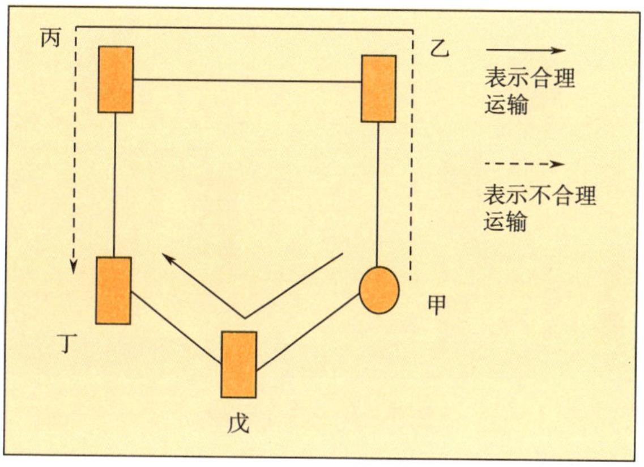


图2–8　迂回运输

4. 重复运输

本来可以直接将货物运到目的地，但是在未达目的地之处，或目的地之外的其他场所将货卸下，再重复装运送达目的地，这是重复运输的一种形式。另一种形式是，同品种货物在同一地点一面运进，同时又向外运出。重复运输的最大毛病是增加了非必要的中间环节，这就延缓了流通速度，增加了费用，增大了货损（图2–9）。

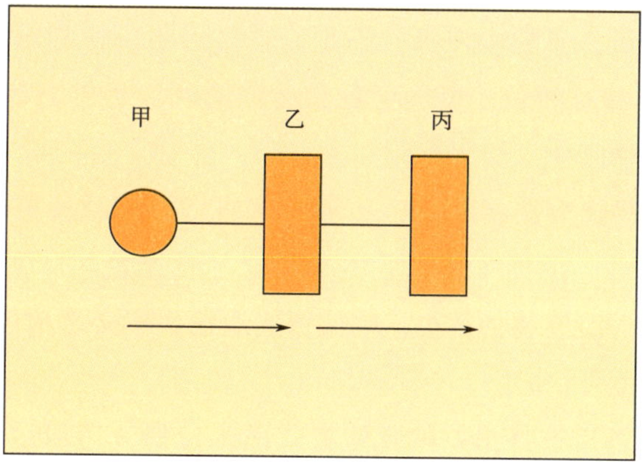


图2–9　重复运输

5. 倒流运输

倒流运输是指货物从销地或中转地向产地或起运地回流的一种运输现象。其不合理程度要甚于对流运输，其原因在于，往返两程的运输都是不必要的，形成了双程的浪费。倒流运输也可以看成隐蔽对流的一种特殊形式。

6. 过远运输

过远运输是指调运物资舍近求远，近处有资源不调而从远处调，这就造成可采取近程运输而未采取，拉长了货物运距的浪费现象。过远运输既占用运力时间长、运输工具周转慢、物资占压资金时间长，远距离自然条件相差大；又易出现货损，增加费用支出（图2–10）。

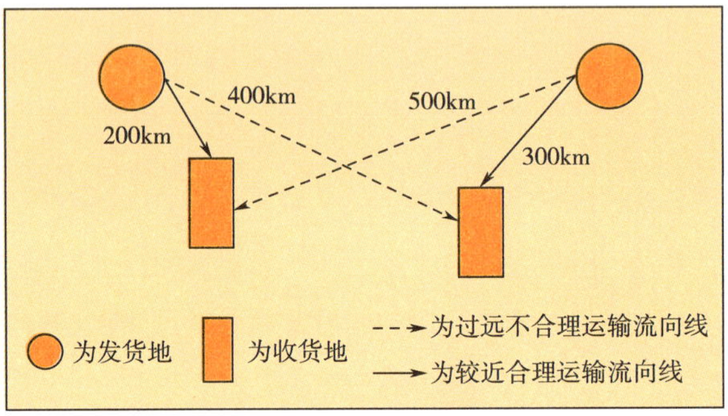


图2–10　过远运输

7. 运力选择不当

未根据各种运输工具的优势选择而不正确地利用运输工具造成的不合理现象，常见的形式有以下几种：

（1）弃水走陆。在同时可以利用水运及陆运时，不利用成本较低的水运或水陆联运，而选择成本较高的铁路运输或汽车运输，使水运优势不能发挥。

（2）铁路、大型船舶的过近运输。不是铁路及大型船舶的经济运行里程却利用这些运力进行运输的不合理做法。主要不合理之处在于火车及大型船舶起运及到达目的地的准备、装卸时间长，且机动灵活性不足，在过近距离中利用，发挥不了运速快的优势；相反，由于装卸时间长，反而会延长运输时间。另外，和小型运输设备比较，火车及大型船舶装卸难度大，费用也较高。

（3）运输工具承载能力选择不当。不根据承运货物数量及重量选择，而盲目决定运输工具造成过分超载、损坏车辆及货物不满载、浪费运力的现象，尤其是“大马拉小车”现象发生较多。由于装货量小，单位货物运输成本必然增加。

8. 托运方式选择不当

对于货主而言，可以选择最好的托运方式而未选择，造成运力浪费及费用支出加大的一种不合理运输。例如，可以选择整车运输却选择了零担托运，应当直达却选择了中转运输，应当中转运输却选择了直达运输等，都属于这一类型的不合理运输。

9. 无效运输

凡装运的物资中有无使用价值的杂质，含量过多或含量超过规定标准的运输，如煤炭中的矸石、原油中的水分、矿石中的泥土及砂石等，这样的运输就是无效运输。

上述的各种不合理运输形式都是在特定条件下表现出来的，在进行判断时必须注意其不合理的前提条件，否则就容易出现判断的失误。例如，如果同一种产品，商标不同、价格不同，所发生的对流，不能绝对看成不合理，因为其中存在着市场机制引导的竞争，优胜劣汰；如果强调因为表面的对流而不允许运输，就会起到保护落后、阻碍竞争甚至助长地区封锁的作用。类似的例子，在各种不合理运输的形式中都可以举出一些。

实例：不合理运输的表现形式

有一条公路A—D，全长400千米，其中B、D为煤炭供应点，以○表示；A、C为煤炭销售点，以□表示；各站点煤炭供求数量及站间距离如图 2-11 所示。请问如何组织运输最为合理？

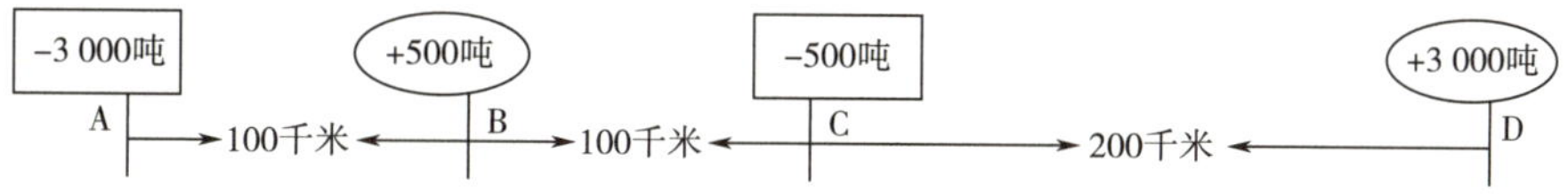


**图2-11　各站点煤炭供求数量及站间距离**

运输方案示例如图2-12所示。

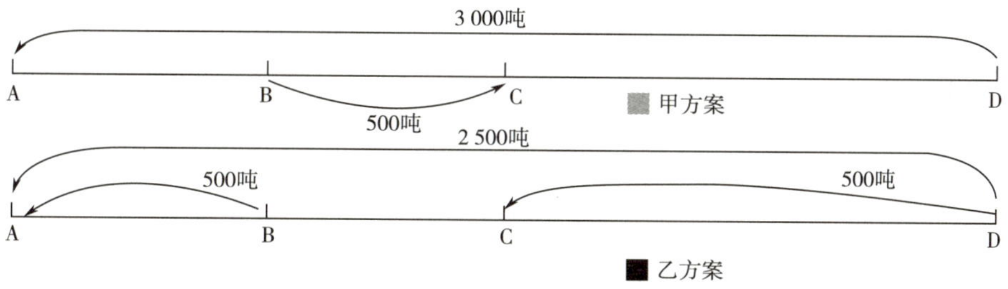


**图2-12　运输方案示例**

甲方案运输工作量为1 250 000吨·千米，乙方案运输工作量为1 150 000吨·千米，所以甲方案为不合理运输。

## 四、合理运输的途径

### 1. 合理选择运输方式

每一种运输方式都有自己合理的经济运输范围。运输方式的选择是物流合理化的重要内容，这种选择不仅限于单一的运输方式，而且还包括通过联合运输方式来实现物流的合理化。

运输方式选择判断的依据主要有以下要素：物资的性质，运输时间，交货时间的适应性，运输成本，批量的适应性，运输的机动性和便利性，运输的安全性和准确性等。具体来说，在选择运输方式时，不仅要考虑物品的种类、运输量、运输距离、运输时间、运输费用，还要考虑当时特定的运输环境的制约。

### 2. 合理选择运输工具

综合考虑货物的性质和数量、运输速度和里程、运输能力、运输费用、运输期限以及市场需求的急切性，选择合适的运输工具，如汽车、火车、轮船或飞机等。同时，应注意不同运输工具之间的衔接和配合。

### 3. 合理选择运输线路

尽量安排直达运输、快速运输，尽可能缩短运输时间，充分发挥各种运输节点的作用，减少运输环节，从而降低运输费用。

### 4. 提高货物的包装质量，改进包装方法

货物在途时间的长短、装卸搬运次数的多少，都会影响到货物的质量，从而导致运输费用的增加。因此，应合理选择包装材料，提高包装质量，从而降低货物损耗、减少货物费用。

### 5. 充分利用运输能力，提高运输工具的实载率

提高实载率，如进行配载运输等，可以充分发挥运输工具的额定能力，减少空驶和不满载行驶的时间，减少浪费，从而形成合理运输。另外，在运输能力固定的情况下，应尽量减少动力能源投入，节约运输费用，降低单位货物的运输成本，达到合理化的目的。例如，在铁路运输中，在机车能力允许的前提下，多加挂车皮；在内河运输中，将泊船编成一定的队形，采取由机动船顶推前进的航行方法；在公路运输中，采用汽车挂车运输等，这些都是在充分利用运输能力的基础上，增加运输能力。

### 6. 构建社会化的运输体系

运输社会化的含义是发挥运输的大生产优势，实现专业分工，打破一家一户自成运输体系的状况。单个物流企业自有车辆，自我服务，不能形成规模，且一家一户运量相对有限，难以进行调节，因而经常容易出现空驶、运力选择不当、不能满载等浪费现象，且配套的接发货设施、装卸搬运设施也很难有效运行，所以造成运力的严重浪费。实行运输社会化，可以统一安排运输工具，避免对流、倒流、空载等多种不合理的运输形式，不但可以追求组织效益，而且可以追求规模效益。

### 7. 开展铁路公路合理分流

在公路运输的合理经济里程范围内，应利用公路运输。一方面，公路运输可以缓解铁路运输的压力，提高铁路运输的区段通过能力；另一方面，公路运输可以充分发

挥其门到门和中途运输速度快且机动灵活的优势，实现铁路运输服务难以达到的水平。

8. 尽量发展直达运输

直达运输是追求运输合理化的重要形式，通过减少中转、过载、换载，可以提高运输速度，省去装卸费用，降低重装货损。

此外，还应该积极发展特殊运输技术和运输工具，依靠科学技术来促进运输合理化，同时发挥流通加工的功能，提高运输效率，实现运输的合理化。

## 案例分析

### 沃尔玛降低自己企业的运输成本

沃尔玛公司是世界上最大的商业零售企业，在物流运营过程中，尽可能地降低成本是其经营的哲学。

沃尔玛有时采用空运，有时采用船运，有时则采用卡车公路运输货物。在中国，沃尔玛 100%地采用公路运输，所以如何降低卡车运输成本，是沃尔玛物流管理面临的一个重要问题，为此它们主要采取了以下措施：

（1）沃尔玛使用一种尽可能大的卡车，大约有 16 米加长的货柜，比集装箱运输卡车更长或更高。沃尔玛将卡车装得非常满，产品从车厢的底部一直装到最高，这样非常有助于节约成本。

（2）沃尔玛的车辆都是自有的，司机也是自己的员工。沃尔玛的车队大约有 5000 名非司机员工，有3700 多名司机，车队每周一次运输 7000～8000 千米。

（3）沃尔玛采用全球定位系统对车辆进行定位，因此在任何时候，调度中心都可以知道这些车辆在什么地方，离商店有多远，还需要多长时间才能运到商店。这种估算可以精确到小时，因此可以提高整个物流系统的效率，降低成本。

（4）沃尔玛连锁商场的物流部门 24 小时进行工作，无论白天或晚上，都能为卡车及时卸货。另外，沃尔玛的运输车队还利用夜间进行运输，从而做到了当日下午进行集货，夜间进行异地运输，翌日上午即可送货上门，保证在 15～18 个小时内完成整个运输过程，这是沃尔玛在速度上取得优势的重要措施。

（5）沃尔玛的卡车将产品运到商场后，商场可以将它整个地卸下来，而不用逐一检查每个产品，这样就节省了很多时间和精力，加快了沃尔玛物流的循环过程，从而降低了成本。这里有一个非常重要的先决条件，就是沃尔玛的物流系统能够确保商场所得到的产品是与发货单完全一致的产品。

（6）沃尔玛的运输成本比供货厂商自己运输产品的成本还要低。所以，厂商也使用沃尔玛的卡车来运输货物，从而做到了将产品从工厂直接运送到商场，大大节省了产品流通过程中的仓储成本和转运成本。

沃尔玛的集中配送中心将上述措施有机地组合在一起，做出了一个最为经济合理的安排，从而使沃尔玛的运输车队能以最低的成本高效率地运行。

## ➢ 任务实施

河南豫鼎物流有限公司经理要接收海南水果销售公司运输过来的水果，关喆经理安排刘可进行对接，铁路平均运输时间为15天，汽车运输时间为10天，每节省1天可降低3%的库存，铁路每件产品运价为0.2元，公路为0.35元，为满足需求，必须保存库存10 000件，年需求量为1 000 000件。然而，每年每件产品库存费用为6元。若用铁路运输，为满足需求，一年需运15次，而公路需运30次。因此，采用何种运输方式才能使总运费最低，具体步骤如下：

第一步：铁路总费用=0.2×1 000 000+6×1 000 000/15+6×1 000 000×15/365=846 575（元）。

第二步：公路总费用=0.35×1 000 000+6×1 000 000/30×（1−5×3%）+6×1 000 000×10/365=684 383（元）。

第三步：因为846 575>684 383，所以选择汽车运输。

## ◎ 任务评价

同学们，这次任务完成的情况如何？让我们从三个方面对这次任务的质量做一个评价，并将具体评价结果填写在表2-4、表2-5中。

**表2-4 任务执行情况评价表**

| 自我评价（占20%） | | |
|---|---|---|
| 主要评价内容 | 分值 | 得分 |
| 是否掌握所学的理论知识 | 5 | |
| 能否根据所学知识，对案例进行分析和思考 | 5 | |
| 在实习和工作中，能否确定合理的运输方法 | 10 | |
| 合计 | 20 | |
| 小组评价（占30%） | | |
| 主要评价内容 | 分值 | 得分 |
| 是否积极参与了小组的活动，并对小组任务完成做出了贡献 | 10 | |
| 是否遵守小组的纪律，并听从小组安排 | 10 | |
| 是否与小组同学合作默契 | 10 | |
| 合计 | 30 | |

续表

| 教师评价（占50%） | | |
|---|---|---|
| 主要评价内容 | 分值 | 得分 |
| 是否掌握所学的基本知识 | 25 | |
| 能否按照老师的要求，进行独立思考和分析，并进行总结 | 25 | |
| 合计 | 50 | |
| 评语 | 教师签名：<br>年　　月　　日 | |

表2-5　教师评语及其个人总结

| 项目 | | 内容 |
|---|---|---|
| 评语 | | 教师签名：<br>年　　月　　日 |
| 总结 | 学习收获 | |
| | 学习不足 | |
| | 如何改进 | |

## ◎ 拓展提升

请你从网上查找资料，归纳总结物流运输的不合理运输方式，它们的特点有什么不同？

## ◎ 豁然开朗

通过学习，刘可明白了合理化运输的概念、因素和途径以及不合理运输的形式，刘可意识到企业要想发展壮大，必须创建合理的运输方式，达到客户满意。在今后的学习中，要不断加强这方面知识的学习，争取取得好的成绩。

## ◎ 应用训练

训练目的：通过实训了解目前在电子商务环境下，物流企业有哪些运输方式。

训练内容：通过网络搜集分析现在的运输方式有哪些，进行实地调研，了解电子商务环境下有哪些运输方式；另外，这些运输方式的代表企业有哪些，分析其各种运输方式的优势和不足，并将这些运输方式进行对比。

实训要求：参与学生以分组的形式，在教师的指导下，分工协调完成实地调研和资料收集，并将资料分类整理，进行小组讨论，形成最终的实训报告。

## ◎ 学后测评

**一、判断题**

1. 物流系统具有创造物品的空间效用、时间效用、性质效用三大效用。（　　）

2. 航空运输对大件货物或大批量货物没有限制。（　　）

3. 对流运输也称“相向运输”“交错运输”，是指同一种货物，或彼此间可以互相代用而又不影响管理、技术及效益的货物，在同一线路上或平行线路上做相对方向的运送，而与对方运程的全部或部分发生重叠交错的运输。（　　）

4. 倒流运输是指货物从销地或中转地向产地或起运地回流的一种运输现象。（　　）

5. 直达运输是追求运输合理化的重要形式，通过增加中转、过载、换载，从而提高运输速度，增加装卸费用，增加重装货损。（　　）

**二、不定项选择题**

1. 不合理运输中最严重的一种形式是（　　）。

A. 对流运输　　B. 空载运输　　C. 迂回运输　　D. 重复运输

2.（　　）是第三利润源泉的主要源泉。

A. 配送　　B. 运输　　C. 装卸　　D. 保管

3. 舍近求远的不合理运输现象是（　　）。

A. 迂回运输　　B. 重复运输　　C. 倒流运输　　D. 过远运输

4.（　　）是指使用船舶等浮运工具，在江、河、湖、海及人工水道上载运货物的一种运输方式。

A. 公路运输　　B. 水路运输　　C. 航空运输　　D. 铁路运输

5.（　　）是大宗流体货物运输最有效的方式。

A. 管道运输　　B. 水路运输　　C. 铁路运输　　D. 公路运输

6. 关于运输，表述正确的有（　　）。

A. 运输通过创造“空间效用”和“时间效用”来提高货物的价值

B. 每单位运输距离的成本随着运输距离的增加而减少

C. 利用运输工具对货物进行临时储存是一项权宜之计

D. 随着运输工具装载规模的增加，每单位载重量运输成本上升

2.（　　）不适宜于鲜活易腐和价值高的货物的中长途运输。

A. 公路运输　　B. 铁路运输　　C. 水路运输　　D. 航空运输

3. 属于不合理运输的有（　　）

A. 对流运输　　B. 倒流运输　　C. 迂回运输　　D. 无效运输

4.（　　）没有运输建设投资小，占地面积少，受地理条件限制少这些优势。

A. 公路　　B. 水路　　C. 管道　　D. 铁路

5.（　　）没有运送能力巨大，计划性强，运输能力可靠、廉价，且一般情况下准时性强这些特点。

A. 公路运输　　B. 铁路运输　　C. 航空运输　　D. 管道运输

**四、思考题**

1. 运输在物流系统中的作用是什么？

2. 运输的主要方式及其特点有哪些？

3. 集装箱进出口货运主要流程是什么？

4. 物流运输中的不合理化运输有哪些形式？

5. 合理运输的途径有哪些？

**五、案例分析**

有一批商品计 23 吨，从甲地运往乙地，有公路和水路两种运输方式可供选择。汽车运输按每辆标重 4 吨计。从公路走，甲乙两地相距 180 千米。汽车运价不分整件、零件，吨千米运价均为 1.5 元，其他杂费（包装、装卸费）每吨 2 元（按汽车标重计算）。从水路走，甲乙两地相距 320 千米，吨千米运价为 0.5 元，但乙地码头离仓库还有 10 千米，仍需用汽车运输，其他杂费与公路运输相同。由于该商品中途要转运，需在码头停留一天，每天每吨堆存费 1 元，港务费 0.3 元。公路运输震动较大，但只需要装卸一次，当天就能到达目的地，商品损耗每吨 2 元。水路运输应中转一次，比公路运输的损耗多，每吨损耗 10 元。究竟采用水路运输好还是公路运输好?如何选择?

# ◯ 项目三 探寻电子商务下的物流仓储管理

## ◎ 知识目标

1. 掌握仓储保管的基本概念
2. 掌握储存保管的作业方法
3. 掌握出入库的基本流程

## ◎ 能力目标

1. 能正确地对物品进行仓储保管
2. 能对仓储物品进行正确的作业
3. 能对物品进行正确的出入库流程操作

## ◎ 素养目标

1. 充分认识物流仓储管理对电子商务活动及社会生产生活活动的价值
2. 能够不断学习仓库保管和管理的新知识、新方法
3. 具有节约、环保以及仓储安全意识

## ◎ 案例导入

### 仓库管理不善，酿成大祸

2024年6月12日22时51分46秒，位于天津市滨海新区某公司危险品仓库储运区起火，23时34分06秒发生第一次爆炸，23时34分37秒发生第二次更剧烈的爆炸。事故现场形成6处大火点及数十个小火点，6月14日16时40分，现场明火被扑灭。

事故造成165人遇难，8人失踪，798人受伤住院治疗，304幢建筑物、12 428辆商品汽车、7 533个集装箱受损，直接经济损失68.66亿元人民币。本次事故残留的化学品与产生的二次污染物逾百种，对局部区域的大气环境、水环境和土壤环境造成了不同程度的污染。

**问题：**

（1）仓储商品安全在仓储管理工作中的地位是什么？

（2）仓储管理的中心工作是什么？

# 任务一 认识仓储

## ➢ 任务情景

今年暑期，河南物流职业学院学生刘立庆在河南豫鼎物流有限公司实习，岗位是仓库管理，可是刘立庆对此却毫无头绪；对于什么是仓储管理，仓储管理有哪些基本原则，仓储有什么功能和作用等这些知识都不清楚，工作该如何开展呢？

## ➢ 任务目标

1. 掌握仓储管理的概念
2. 理解仓储管理的基本原则、仓储的功能和作用

## ➢ 知识准备

### 一、仓储管理的概念

“仓”也称为仓库，是存放物品的建筑物和场地，也可以是房屋建筑、大型容器、洞穴或者特定的场地等，具有存放和保护物品的功能；“储”表示收存以备使用，具有收存、保管、交付使用的意思，当适用于有形物品时也称为储存。“仓储”则是利用仓库存放、储存未即时使用的物品的行为。简而言之，仓储就是在特定的场所储存物品的行为。

仓储管理是指对仓库和仓库中储存的物品进行管理。现代企业的仓库已经成为企业的物流中心。过去，仓库被看成一个无附加价值的成本中心；而现在，仓库不仅被看成是形成附加价值过程中的一部分，而且被看成是企业成功经营中的一个关键因素。仓库被企业作为连接供应方和需求方的桥梁。从供应方的角度来看，作为流通中心的仓库从事有效率的流通加工、库存管理、运输和配送等活动。从需求方的角度来看，作为流通中心的仓库必须以最大的灵活性和及时性满足各类顾客的需要。因此，对于企业来说，仓储管理的意义重大。

### 二、仓储管理的基本原则

仓储管理的目标是快进、快出、多存储、保管好、费用低，因此其基本原则应是重效率、求效益、保安全、讲质量、供服务，如图3-1所示。

#### 1. 重效率

效率是指在特定时间内，组织的各种投入与产出之间的比率关系。效率与投入成

反比，与产出成正比。公共部门的效率包括两方面：一是生产效率，它指生产或者提供服务的平均成本；二是配置效率，它指组织所提供的产品或服务是否能够满足利害关系人的不同偏好。仓储管理效率主要体现在仓容利用率、货物周转率、破损率、误差率、进出库时间、装卸车时间等。

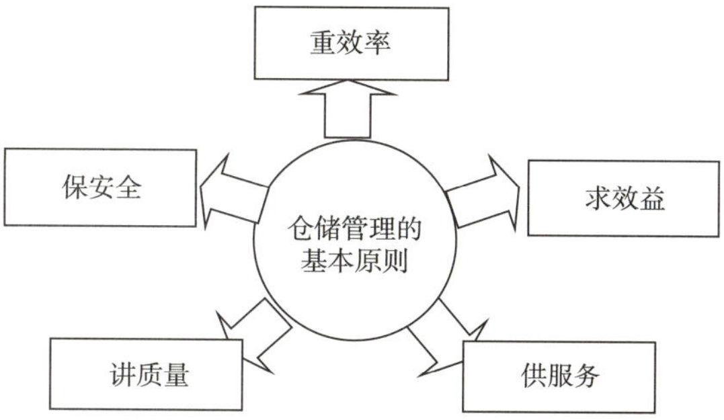


**图3–1　仓储管理的基本原则**

仓储作业管理的核心是效率管理，就是以最少的人力投入获得最大的产品产出。提高仓储管理效率的途径包括：合理规划仓库的布局，合理组织仓库中的运作流程，应用新技术等。

2. 求效益

经济效益是企业一切经营活动的出发点。作为市场经济参与主体之一的仓储业，也应该紧紧围绕获得最大的经济效益这样的目的进行组织和经营。

3. 保安全

贯彻执行“安全第一，预防为主”的安全生产方针。仓储管理中不安全的因素很多，主要来源于作业过程中的因素，人为的因素。因此，提高安全意识，制定安全制度并严格执行刻不容缓。

4. 讲质量

仓储管理的最基本原则就是保证质量。仓储管理中的一切活动，都必须以保证在库商品的质量为核心。没有质量的数量是无效的，甚至是有害的，因为商品依然在占用资金，产生费用，占用仓库空间。因此，为了完成仓储管理的基本任务，仓储活动中的各项作业必须有质量标准，并严格按照标准进行作业操作。

5. 供服务

仓储活动本身就是向社会提供服务产品。服务是贯穿仓储管理中的一条主线，从仓储定位、仓储具体操作到对仓储货物的控制都围绕着服务进行。仓储管理就需要围绕着服务定位，研究如何提供服务、改善服务、提高服务质量等，它包括直接的服务管理和以服务为原则的生产管理。

## 三、仓储的功能

### 1. 存储功能

现代化社会生产的重要特征是专业化和规模化。在社会生产过程中，劳动生产率高、生产量大，以及产品生产所需要的材料和生产完成后的产品，都不一定能准时进入下一个环节，需要经过仓储手段进行存储，这样才能保证生产活动的顺利进行。在生产过程中，适当的原材料、半成品的存储，能预防因缺货造成的生产停顿。在产品生产完成后的销售环节，产品存储调整时间差是营销活动的方法，因此产品的存储也是企业成功经营中的一个关键因素。

### 2. 保管功能

产品生产出来之后距离到消费者手中有一定的时间间隔，在这段时间内必须保证产品的使用价值，否则产品会因被废弃造成资源浪费和企业成本的增长。因此这项任务就需要仓储来承担，所以在仓储过程中要对产品进行保护、管理，防止其因损坏而丧失价值。例如，受潮、变质、蒸发、虫咬等，将使产品使用价值降低。因此，在仓储保管过程中要选择合适的存储场所，并采用合适的存储方法。

### 3. 加工功能

根据存货人或客户的要求对保管货物的外观、成分构成、尺寸、形状等进行加工。加工功能对企业能产生两方面的经济利益：一方面，降低风险，企业进行产品生产时是规模化的生产活动，客户的外观包装要求可能有所差别，所以最后的包装要在敲定具体的订购标签和收到包装材料后才能完成。另一方面，通过对基本产品使用各种标签和包装配置可以降低存货水平，往往也能降低企业生产经营总成本。

### 4. 整合功能

仓储活动的一个重要经济功能就是整合（图 3-2）。通过仓储整合功能，仓库收到来自不同生产单位的产品就会整合成一个单元，进行一票装运。这种做法最直接的好处是实现企业运输成本的降低。对于每一个客户来说，收到的产品是由小批量货物集中起来形成的规模运输，这样运输成本必然小于小批量单独运输成本。

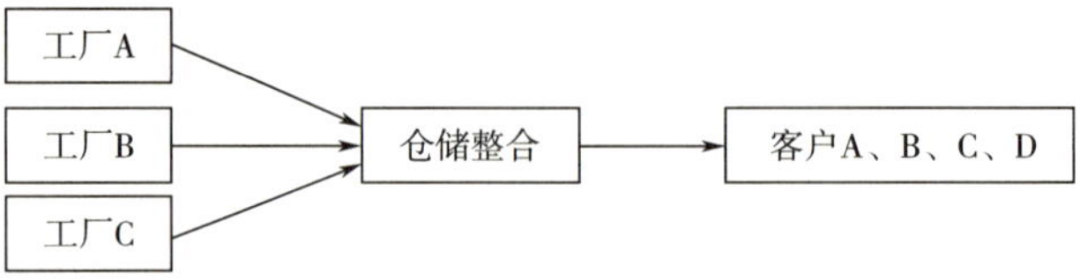


**图3-2 仓储整合功能**

### 5. 分类与转运功能

分类功能就是将来自生产企业的组合订货分割成单个客户的订单，然后安排合适的运输方式送到指定的客户手中（图3-3）。

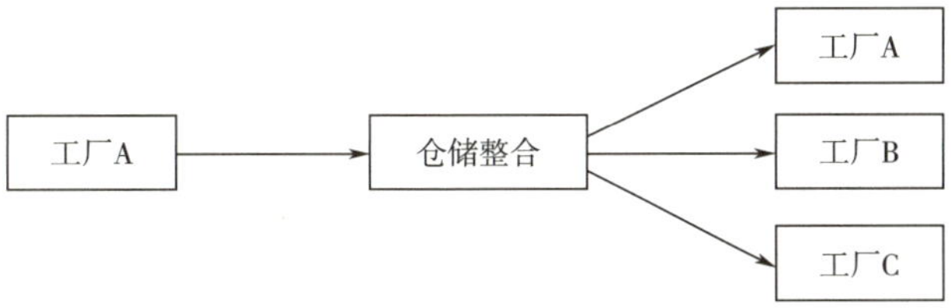


**图3–3　仓储分类功能**

转运功能就是在仓储活动中收到由多个生产企业运送来的整车货物后，如果货物有标签，就按照客户要求分类；如果没有标签，就按运送地点进行分类。货物不在仓库停留，直接装到运输工具上，装满后运送到指定的客户手中。转运功能能实现货物不进仓库，因而减少了搬卸费用，最大限度地发挥了仓库装卸设施的功能（图3–4）。

**图3–4　仓储转运功能**

6. 建立企业形象功能

仓储活动的另一个功能是建立企业形象。尽管建立企业形象功能不像其他几个功能明显，但是企业仍然要重视仓储活动。选择较近的仓库进行供货在便捷性、时效性上都是明智之举，企业对市场的反应速度也会大幅提升，有利于企业树立良好的市场形象。

## 四、仓储的作用

1. 调整生产和消费时间差

许多商品在生产上和消费上都有时间间隔和地域差异，为了更好地促进商品流通，必须将这样的商品放置在仓库中保存，使其发挥时间效应的作用。

2. 保证产品质量

商品从生产领域进入流通领域的过程中，通过仓储环节，要对产品进行检验，防止伪劣产品进入市场侵害消费者权益。待入库产品要符合入库条件，在库产品要采取妥善的保管方法和措施使其不发生物理和化学变化，保证产品质量。另外，货物在出入库时进行的检查、清点、分拨、捆绑等活动能在很大程度上减少货损货差。而不经过仓储环节的商品无法获得良好的存储环境和科学的保管方法，产品质量也无法保证。

3. 加速产品周转和流通

伴随着仓储行业的发展，仓储活动不仅仅是对货物的保管和储存，而且越来越多地承担起了具有生产特性的加工业务。例如，分拣、挑选、包装、贴标签等活动使仓储活动和生产活动有机结合在一起，产品附加值也得到了提升。随着物流业的发展，仓储活动也为下一环节的产品流通缩短了作业流程和时间，从而加快了产品的周转和流通。

4. 调节运输工具的运输能力

不同运输工具的运载能力各有千秋，运输效益也大不相同。采用单一的运输工具可能会导致产品无法到达客户手中，时间和利润成本也无法估量。而仓储活动就为各种运输工具的衔接和时间上的调整提供了场所。

## ➢ 任务实施

刘立庆和小组成员经过理论学习，迫不及待地要通过河南豫鼎物流有限公司的实践了解仓储功能，以便能够胜任仓储管理员的工作。

河南豫鼎物流有限公司仓储大探秘：

第一步：河南豫鼎物流有限公司仓储所在地。

河南豫鼎物流有限公司是河南省物流行业的领头羊，位于郑州物流园区内的仓储活动不仅已经达到国内先进水平，自动化应用程度高，管理活动科学有序，而且有优秀的人才队伍。

第二步：库存产品分类。

大致统计库区内的产品分类（包括家电类、食品类、衣物类、洗护类等）。

第三步：存储方法。

探寻不同类别产品存储方法的异同。

第四步：产品加工。

观察库内产品的加工，分析产品加工的流程。

第五步：通过观察，分析仓储活动中整合与分类的区别。

## ◎ 任务评价

同学们，这次任务完成的情况如何？让我们从三个方面对这次任务的质量做一个评价，并将具体评价结果填写在表3-1、表3-2中。

表3-1　任务执行情况评价表

| 自我评价（占20%） | | |
|---|---|---|
| 主要评价内容 | 分值 | 得分 |
| 能否流利说出仓储管理的概念 | 5 | |
| 能否画出仓储管理流程图 | 5 | |
| 是否掌握电子商务配送的基本知识 | 10 | |
| 合计 | 20 | |

续表

| 小组评价（占30%） | | |
|---|---|---|
| **主要评价内容** | **分值** | **得分** |
| 是否积极参与了小组的活动，并对小组任务完成做出了贡献 | 10 | |
| 是否遵守小组的纪律，并听从小组安排 | 10 | |
| 是否与小组同学合作默契 | 10 | |
| 合计 | 30 | |
| 教师评价（占50%） | | |
| **主要评价内容** | **分值** | **得分** |
| 是否掌握电子商务仓储管理的内涵 | 25 | |
| 能否描述电子商务仓储管理的流程 | 25 | |
| 合计 | 50 | |
| 评语 | 教师签名：<br>年　月　日 | |

**表3-2　教师评语及其个人总结**

| 项目 | | 内容 |
|---|---|---|
| 评语 | | 教师签名：<br>年　月　日 |
| 总结 | 学习收获 | |
| | 学习不足 | |
| | 如何改进 | |

## ◎ 拓展提升

### 波司登库存管理

波司登，全称波司登国际控股有限公司，是中国最大的品牌羽绒生产商，主要从事自有羽绒服品牌组合的开发和管理，包括产品的研究、设计、开发、原材料采购、外包生产及市场营销和销售。其核心品牌有“波司登”“雪中飞”“康博”“冰洁”“双羽”和“上羽”。

波司登在全国（包括地级市）有91个销售公司，波司登目前的库存率保持在18%~19%（一般服装企业的库存率都在30%~40%）。

波司登是如何做到将自己的库存率保持到如此低位的呢？这主要得益于波司登通过ERP系统的运用，很好地协调生产与市场需求的关系。

首先，通过运用ERP系统，波司登实现了生产、物流、库存、配货、补货、销售与市场的紧密结合。

在波司登的ERP管理系统上，从生产到销售的整个流程清晰呈现：销售公司接单——产品部评估——各品牌生产公司（做生产计划、布置采购）——生产工厂（成品生产）——质检、入库——发销售公司仓库——分发经销商门店。经销商都能在电脑里看到销售信息，据此可以调整自己的进货。销售前端的扫描枪一扫，总公司的电脑屏幕里立即出现库存的数据变化，据此总公司可以随时调整工厂的生产计划。仓库与物流也能根据本公司的羽绒服销售情况及时做出预测，然后进行补货。ERP项目实施至今，公司库存降低了60%，物流周转速度提高了54.9%。

其次，通过运用ERP系统，波司登实现了各个门店的信息共享。

由于各地消费者需求之间的差异性，在同一个城市或不同城市各个销售网点呈现出来的销售具体情况也不一样。例如，在M城市A款B色等产品卖得相当火热，而C款D色等产品出现了滞销的场面；相反，在N城市C款D色等产品出现了脱销的场面，而A款B色等产品出现了滞销。针对这一情况，波司登通过ERP协同管理系统将各个网点连接起来，实现信息共享与资源的合理调配。通过自身的物流系统，将产品进行调换，采取在一年中一个销售公司内部几次换货的做法，实际上就是在网点之间周转库存产品，这样不仅大大节省了时间、空间和成本，也降低了库存增加的风险。

### ◎ 豁然开朗

通过这部分的学习，刘立庆对仓储管理有了更加深刻的认识。原来仓储管理并非印象中仅仅保证货物不丢失，这里面还有这么大的学问。通过对电子商务仓储管理知识的掌握，刘立庆更加有信心做好未来的工作。

## 任务二 仓储作业

### ➢ 任务情景

刘立庆虽然已经掌握了仓储管理的基本理论，但是还不知如何具体操作。面对着供应商送来的一大车货物，他一筹莫展：怎样才能按照要求将这些货物放进仓库内呢？

## ➢ 任务目标

1. 掌握出入库作业和在库保管知识
2. 能正确地进行出入库作业操作和在库保管

## ➢ 知识准备

仓储作业包括入库、在库保管和出库三大过程，如图3-5所示。

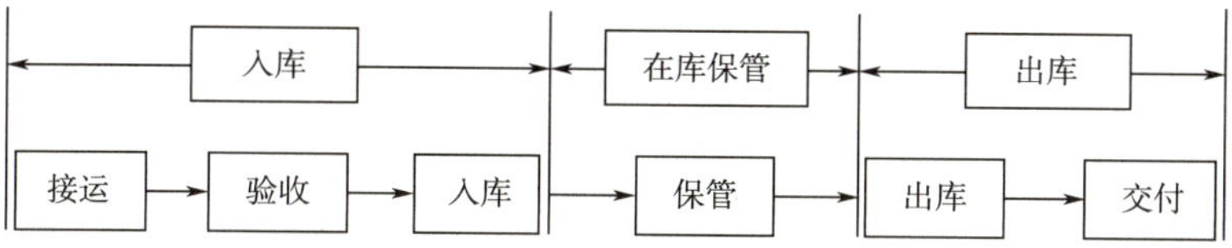


**图3-5　仓储流程**

### 一、入库作业

入库管理是根据物品入库凭证，在接收入库产品时对入库前准备、接运方式、入库验收、货物入库等各项作业的组织和实施（图3-6）。

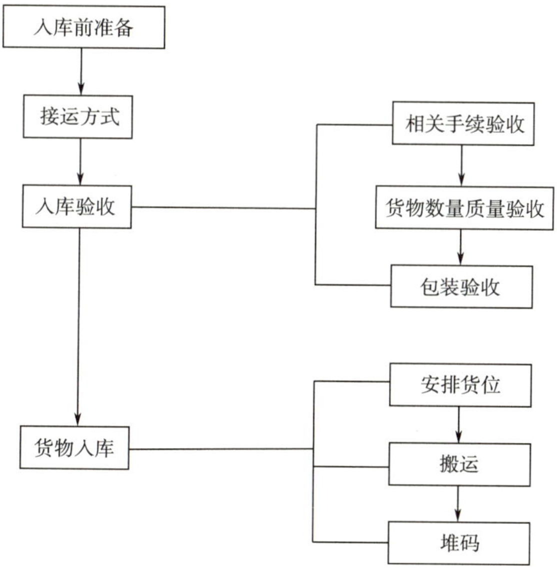


**图3-6　入库流程**

#### 1. 入库前准备

货物接收方应根据仓储合同或者入库单等正式手续，及时进行库场准备，以便货物能及时、有序、准确入库。另外，还要了解货物的包装状态，包括整包、散包或单件包、物资储存期限、入库时间、允许接收量、搬运方式等。

### 2. 接运方式

货物的接运主要包括向货物托运方或承运方办理交接手续，并及时将货物安全接运回库。进行接运工作的负责人要熟悉供货部门和交通运输部门的规章制度，能够处理接运中遇到的各种问题。入库物品接运主要有专线接运、车站码头接运、入库交接等方式。

### 3. 入库验收

入库验收是划分库场与托运部门责任的界限，并为在库保管打下基础。验收工作主要包括相关手续验收、货物数量质量验收、包装验收。在货物数量质量验收方面应分别按商品的性质、到货情况来确定验收标准和方法。

### 4. 货物入库

首先，安排货位。安排货位应遵循效率、安全原则，保证货位使用的科学化和合理化。货位的选择应能够满足货物自身特性。同时，为了出库方便，应尽量缩短收、发货时间，充分利用仓库容量，提高仓容使用效率。

其次，搬运。经过前期的入库准备和安排货位，搬运人员就可以将在验收场地上经过点验合格的入库货物，按每批入库单开制的数量和相同种类集中起来，分批送到预先安排的货位。在搬运过程中，要尽量做到避免入库货物运输停顿和重复劳动。对于批量大、包装整齐、送货单位又具备机械操作条件的入库货物，应利用托盘运输，从而提高准确率，缩短作业时间，加快入库速度。

最后，堆码。堆码的操作方法和方式直接影响到货物保管的安全，清点工作的便捷性，仓库容量的利用率。一般情况下，在进行堆码时应遵循“大不压小、重不压轻、正面朝上、留有过道”的原则。

对于验收合格的物品，要及时办理相关入库手续，做到账实相符。

## 二、在库保管

货物在库管理又被称为仓储物品管理。在库物品管理的目的是通过对货品质量的管理与控制，实现仓储货物在价值链上的转移。在库保管主要是指对仓库内货品的保管与管理，包括盘点作业、转储作业、转库作业、报废作业、退货作业等内容。

在库货物保管的主要内容如下。

### 1. 盘点作业

盘点作业提供对货品的全面盘点、随机抽盘与指定盘点等功能。其中，指定盘点根据储位盘点和货品盘点的功能，可分区、分类进行盘点。盘点作业，首先要生成盘点单，确定要盘点货品的编号、名称、储存位置、系统结存数量的信息清单；其次录入盘存数据；再次审核盘点单；最后盘点差异结转。

（1）清点货物件数。对于件装货物，包括有包装的货物、裸装货物、捆扎货物、箱装货物，根据入库文件上的计数，统计货物的件数。如果入库文件上统计为细数，则需要在仓库拆除包装的货物，并点算最小的件数；对于单重、外观等同质货物，一般只点算运输包装件数；对于入库拆箱的货物，要开箱点数。

（2）查验货物单重、尺寸。货物单重是指每一包装货品的重量。单重分为净重和毛重，同时还要明确数量。对于需要拆除包装的货物，要核定净重；对于按照长度或者面积、体积进行交易的货物，要选择合适的计量工具以确定入库货物数量。

（3）盘查货物外观变化。货物的外观变化可能在一定程度上影响货物的数量和质量，因此外观检查是接收良好货物的重要前提。外观检查是在库保管管理的重要要求，通过外观可以确定货物是否有包装破损、污损、变质、泄漏、丢失、散落、变形等不良状况。

#### 2. 转储作业

转储作业主要对货品在同一仓库内不同货位之间的转移进行管理。转储单号由系统自动产生，选择要转移货品所在的“仓库”“转储部门”等，并填写“制单人”“转储时间”“制单时间”。在“转储货品及存储货位清单”中选择货品，输入数量及选择目的区域，并完成转储货品的选择。

#### 3. 转库作业

转库作业主要对货品在不同仓库之间的转移进行管理。即提出转库申请，指定货品的转出仓库、区位及货位，并指定转入仓库区域和货位等。系统产生转库单号，选择要转移货品所在的“转出仓库”“转入仓库”“转仓部门”，填写“转仓时间”“制单时间”“制单人”“备注”等信息。在“转仓货品及存储货位清单”中选择货品，输入数量及选择目的区域，并完成整个转仓的过程。

#### 4. 报废作业

报废作业主要对仓库中出现的丧失价值的货物进行管理，即提出申请，录入报废物品的相关信息，指定报废物品所在的仓库、区域及货位，进行信息维护。

#### 5. 退货作业

退货作业是对被退回货物的编号、名称、数量、存放位置等信息进行管理，并处理退货申请、审批、结转等相关工作。

### 三、出库作业

物品出库是仓库根据业务部门或存货单位开具的出库凭证，经过审核出库凭证、备料、拣货、分货等业务直到将物品点交给要货单位或发运部门的一系列作业过程。它是物品仓储作业过程的最后一个环节，也是仓储部门对外的窗口。

1. 出库的要求

（1）凭证发货。物品出库必须依据一定格式的正式凭证进行。货主的出库通知或出库请求的格式不尽相同，不论采用何种格式，都必须是符合财务制度要求的有法律效力的凭证，要坚决杜绝凭信誉或无正式手续的发货。任何情况下，仓库都不得擅自动用外借货主的库存物品。

（2）先进先出。在保证物品使用价值不变的前提下，坚持“先进先出”的出库原则。同时要做到保管条件差的先出，包装简易的先出，容易变质的先出，有保管期限的先出。仓库管理人员必须经常注意物品的安全保管期限等，对已经变质、过期失效、失去原使用价值的物品，不允许出库。

（3）及时记账。物品发出后，应随即在物品保管账簿上核销，并保存好发放凭证，同时调整吊卡吊牌。

（4）保证安全。物品出库作业，要注意安全操作，防止损坏包装和震坏、压坏、摔坏物品。同时还要保证运输安全，做到物品包装完整，捆扎牢固，标志正确清楚，性能不互相抵触，避免运输差错和损坏物品的事故发生。

2. 出库的方式

（1）送货。仓库根据货主单位的出库通知或出库请求，通过发货作业将应发物品交由运输部门送达收货单位或使用仓库自有车辆将物品运送到收货地点的发货形式，就是通常所称的送货制。仓库实行送货具有多方面的好处：仓库可预先安排作业，缩短发货时间；收货单位可避免因人力、车辆等不便而发生的取货困难；在运输上，可合理使用运输工具，减少运费。

（2）托运。托运就是由货主开出提货单，通过在物品流通环节内部传递，将提货单送到仓库，仓库按单发货。托运是普遍采用的一种物品发运方式。它适用于距离远、数量大的商品。采用这种方式时，应注意加强同运输单位的联系和衔接。

（3）提货。提货是由收货单位或受委托前来提货的单位，持货主所开的提货单到仓库直接提货。实行提货制的物品出库交接手续应在仓库内办理完毕。提货制一般适用于有自备车辆的单位，适合提货量少、运输距离短的物品。

（4）过户。过户是一种就地划拨的形式，物品实物并未出库，但是所有权已经从原货主的账户中转移到新货主的账户中。仓库必须根据原货主开出的正式过户凭证，才予以办理过户手续。

（5）取样。货主出于商检或样品陈列等的需要，到仓库提取货样（通常要开箱拆包、分别抽取样本）。仓库必须根据正式取样凭证发出样品，并做好账务记载。

（6）转仓。转仓是指货主为了业务方便或改变储存条件，将某批库存自甲仓库转移到乙仓库。转仓时，仓库必须要根据货主单位开出的正式转仓单，办理转仓手续。

### 3. 出库作业流程

出库作业流程是出库工作能够顺利进行的基本保证。为防止出库工作失误，在进行出库作业时必须严格履行规定的出库业务工作流程，使出库有序进行。货物出库的流程主要包括货物出库前准备、审核出库凭证、出库信息处理、拣货、包装、刷唛、装车等，如图3–7所示。

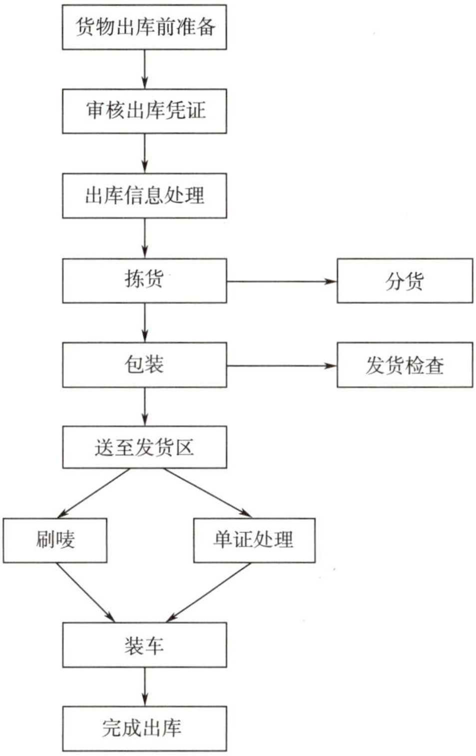


**图3–7　出库作业流程**

## ➢ 任务实施

刘立庆和小组成员已经对河南豫鼎物流有限公司的仓储功能有了初步认识，也能顺利完成工作。2024 年 5 月 12 日，刘立庆所在的豫鼎物流二号仓库接到一份提货单，得知有 500 台 34 英寸海尔彩色电视机、300 台 242 升华菱电冰箱、400 箱 500 克嘉士利饼干、1 000 箱（碗装）康师傅快食面、600 箱（355 毫升）可口可乐饮料、400 箱（550 毫升）雀巢饮用水、800 箱（450 毫升）美汁源果粒橙、500 包（1.7 千克）立白彩奇洗衣粉等商品需出库。提货单位：郑州大润发连锁超市有限公司。

具体步骤如下：

第一步：严格审核出库单证。

第二步：出库前准备工作，做好出库指令收集传递及其他各项准备工作。

第三步：针对产品特性，制定合理的物品出库流程。

## ◎ 任务评价

同学们，这次任务完成的情况如何？让我们从三个方面对这次任务的质量做一个评价，并将具体评价结果填写在表3-3、表3-4中。

**表3-3　任务执行情况评价表**

| | | |
|---|---|---|
| 自我评价（占20%） | | |
| **主要评价内容** | **分值** | **得分** |
| 是否掌握出入库作业的知识 | 5 | |
| 是否掌握在库保管的知识 | 5 | |
| 能否正确地进行出入库作业操作和在库保管 | 10 | |
| 合计 | 20 | |
| 小组评价（占30%） | | |
| **主要评价内容** | **分值** | **得分** |
| 是否积极参与了小组的活动，并对小组任务完成做出了贡献 | 10 | |
| 是否遵守小组的纪律，并听从小组安排 | 10 | |
| 是否与小组同学合作默契 | 10 | |
| 合计 | 30 | |
| 教师评价（占50%） | | |
| **主要评价内容** | **分值** | **得分** |
| 是否掌握出入库作业和在库保管的知识 | 25 | |
| 能否正确地进行出入库作业操作和在库保管 | 25 | |
| 合计 | 50 | |
| 评语 | 教师签名：<br>年　月　日 | |

**表3-4　教师评语及其个人总结**

| 项目 | | 内容 |
|---|---|---|
| 评语 | | 教师签名：<br>年　　月　　日 |
| 总结 | 学习收获 | |
| | 学习不足 | |
| | 如何改进 | |

## ◎ 拓展提升

### “亚洲一号”物流中心

京东上海“亚洲一号”物流中心是当今中国最大、最先进的电商物流中心之一。它规划的建筑面积为 20 万平方米，其中投入运行的一期定位为中件商品仓库，总建筑面积约为 10 万平方米，分为 4 个区域——立体库区、多层阁楼拣货区、生产作业区和出货分拣区。

1. 各分区的功能

（1）立体库区：库高 24 米，利用自动存取系统（AS/RS系统），实现了自动化高密度的储存和高速的拣货能力。AS/RS系统是物流中心机器人作业系统的一种，在全球电商物流中心作业系统中，有三大类机器人作业系统：

①AutoStore物流中心机器人，采取“货到人”模式，英国最大的农产品电商Ocado也用它。

②Kiva物流中心机器人系统，同样采取“货到人”的模式。Kiva是 2012 年亚马逊耗资 7.75 亿美元收购的机器人仓储服务公司。

③京东的AS/RS系统，采取的不是传统的“人到货”模式，而是“机器人到货”模式，实现全自动的立体机器人作业。其优势在于，系统空间利用率很高，系统根据计划自动到货位拣选。

（2）多层阁楼拣货区：京东的多层阁楼拣货区采用了各种现代化设备，具备自动补货、快速拣货、多重复核、多层阁楼自动输送的能力，实现了京东巨量SKU的高密度存储和快速准确的拣货和输送能力。

（3）生产作业区：京东“亚洲一号“的生产作业区采用京东自主开发的任务分配系统和自动化的输送设备，实现了每一个生产工位任务分配的自动化和合理化，保证了每一个生产岗位的满负荷运转，避免了任务分配不均的情况，极大地提高了劳动效率。

（4）出货分拣区：出货分拣区采用了自动化的输送系统和代表目前全球最高水平的分拣系统，分拣处理能力达16 000件/小时，分拣准确率高达99.99%，彻底解决了原先人工分拣效率差和准确率低的问题。

2. 京东上海“亚洲一号”物流中心背后的神经：IT系统

京东上海“亚洲一号”的仓库管理系统、仓库控制系统、分拣和配送系统等整个信息系统均由京东自主开发，拥有多项自主知识产权，所有从国外进口的世界先进的自动化设备均由京东进行总集成，也就是说，京东牢牢地将核心技术控制在自己手中。其实这方面从2010年开始京东的几位VP在架构系统的时候就已经提前布局，这才为今天京东的系统奠定了基础。

3. 京东全国各地“亚洲一号”物流中心的布局

京东上海“亚洲一号”在上海高度自动化的投入运行，标志着京东的仓储建设能力和运营能力有了一个质的飞跃。未来京东将陆续布局广州“亚洲一号”、沈阳“亚洲一号”和武汉“亚洲一号”等。此外，京东在北京、成都、西安等多地的“亚洲一号”项目也在规划和建设筹备当中。

“亚洲一号”上海现代化物流中心投入运营后，随着产能的释放，预计将不断提升京东在华东区的运营效率。未来全国的“亚洲一号”建立完毕后，可以将其开放给第三方卖家使用，真正实现社会化的开放物流平台。

### ◎ 豁然开朗

通过学习，刘立庆意识到伴随着现代化信息技术的发展，传统的仓储已经在形式上、内容上都发生了深刻的变化；将仓储管理与电子商务紧密结合，才能发挥更大效能。因此，学习仓储管理不能局限于这一部分的知识，更应该放到现阶段电子商务蓬勃发展的大环境下来学习。

## 任务三　如何使用条形码打印机

### ➢ 任务情景

刘立庆在对预鼎物流的二号仓库进行货物盘点时，发现其中一件整箱包装的货物外观有损坏。该件货物可能在搬运过程中由于外力导致条形码破损，现已经无法识别，急需另外打印一个相同的条形码。可是负责条形码打印工作的李师傅有事请假，因此刘立庆不得不学习条形码技术。

## ➢ 任务目标

1. 认识条形码
2. 能熟练使用条形码打印机

## ➢ 知识准备

### 一、认识条形码

条形码（Barcode）又被称为条码，是将宽度不等的多个黑条和空白，按照一定的编码规则排列，用以表达一组信息的图形标识符。常见的条形码是由反射率相差很大的黑条（简称条）和白条（简称空）排成的平行线图案。条形码可以标出物品的生产国、制造厂家、商品名称、生产日期、图书分类号、邮件起止地点、类别、日期等许多信息，因而在商品流通、图书管理、邮政管理、银行系统等许多领域都得到了广泛的应用（图3–8）。

图3–8　各种类型的条形码

#### 1. 条形码的发展

在经济全球化、信息网络化、生活国际化、文化国土化的资讯社会到来之时，起源于20世纪40年代、研究于20世纪60年代、应用于20世纪70年代、普及于20世纪80年代的条形码与条形码技术及各种应用系统，引起世界流通领域的大变革正风靡世界。条形码作为一种可印制的计算机语言，未来学家称之为“计算机文化”。

从20世纪80年代中期开始，我国一些高等院校、科研部门及出口企业，将条形码技术的研究和推广应用逐步提上议事日程。图书、邮电等行业及企业的物资管理部门和外贸部门已开始使用条形码技术。

### 2. 条形码工作原理

要将按照一定规则编译出来的条形码转换成有意义的信息，需要经历扫描和译码两个过程。物体的颜色是由其反射光的类型决定的，白色物体能反射各种波长的可见光，黑色物体则吸收各种波长的可见光。所以，条形码扫描器光源发出的光在条形码上反射后，反射光照射到条码扫描器内部的光电转换器上，光电转换器根据强弱不同的反射光信号，转换成相应的电信号。

### 3. 条形码的优点

条形码是迄今为止最经济、实用的一种自动识别技术。条形码技术具有以下优点：

（1）准确可靠。一般情况下，键盘输入平均每300个字符一个错误，而条形码输入平均每15 000个字符一个错误。如果加上校验位，出错率是千万分之一。

（2）输入速度快。使用键盘输入，一个每分钟打90个字的打字员1.6秒可输入12个字符或字符串，而使用条形码，做同样的工作只需0.3秒，速度提高了5倍。

（3）经济便宜。与其他自动化识别技术相比较，推广应用条形码技术，所需费用较低。

（4）灵活、实用。条形码符号作为一种识别手段可以单独使用，也可以和有关设备组成识别系统实现自动化识别，还可和其他控制设备联系起来实现整个系统的自动化管理。

（5）纠错能力强。条形码通常只在一维方向上表达信息，而同一条形码上所表示的信息完全相同并且连续，这样即使标签有部分缺损，仍可以从正常部分输入正确的信息。

（6）设备简单，易于制作。条形码符号识别设备的结构简单，操作容易，无须专门训练。

## 二、条形码打印机

### 1. 初识条形码打印机

条形码打印机是一种专用的打印机。条形码打印机和普通打印机最大的区别就是，条形码打印机的打印是以热为基础，以碳带为打印介质（或直接使用热敏纸）完成打印，这种打印方式相对于普通打印方式的最大优点在于它可以在无人看管的情况下实现连续高速打印。它所打印的内容一般为企业的品牌标识、序列号标识、包装标识、条形码标识、信封标签、服装吊牌等。

### 2. 常见种类

（1）固定式条形码打印机（图3–9）。智能化的特点和丰富的接口，使其可接入多种设备和主机。无须PC机支持，便可独立执行用户程序，铸镁合金结构，坚固耐用，重量轻。

（2）工业级条形码打印机。结实耐用的压铸金属外壳，以及强大的实时连接，卓越的兼容性，低廉的价格，既适应工业现场使用的需要，也满足工业高品质打印的要求。

图3–9　固定式条形码打印机

（3）桌面型条形码打印机（图 3–10）。小型经济条形码打印设备，适用于中小企业移动办公，其体积小巧，结构坚固，功能强大，价格低廉。

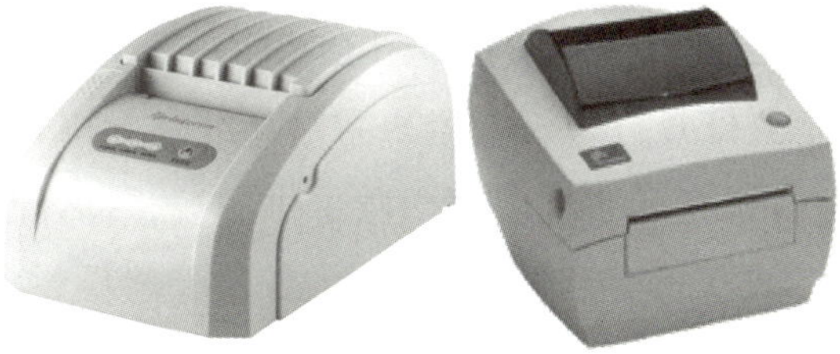

图3–10　桌面型条形码机打印机

（4）便携式条形码打印机及腕式条形码打印机（图 3–11、图 3–12）。便携式条形码打印机及腕式条形码打印机体积小巧、轻便、抗环境干扰，其采用了红外或蓝牙技术作为打印数据通信的接口。

图3–11　便携式条形码打印机

图3–12　腕式条形码打印机

3. 使用方法

现阶段在市场上出现的条形码打印机种类繁多，外形也各不相同。有美国品牌

ZEBRA、INTERMEC等，欧洲品牌Cab、Paxa Monarch等，日本品牌Sato、TEC、Citizen等，台湾品牌ARGOX、TSC、Godex等，还有众多国产品牌。各自品牌的条形码打印机都有自己对应的驱动编辑软件。尽管如此，其操作却大同小异。本书以博思得(PosteK)条形码打印机为例来学习条形码打印。其操作流程如下：

（1）安装驱动。从PosteK条形码打印机随机光盘或者从WWW.POSTEK.COM.CN网站下载并解压后，直接执行“Setup.exe”，然后点击“下一步”即可轻松完成PosLabel for PosteK的安装。

（2）安装碳带和标签打印纸。碳带最好使用全尺寸的，打印纸可以根据需要任意选择宽度。

①安装打印纸。首先，打开打印机上盖，露出卷纸仓；取出纸卷架，将纸卷由左至右套入纸卷架，将纸卷托架连同纸卷一起放回纸卷仓，将纸卷向左端靠齐，将托架上的挡板向左靠紧纸卷。其次，打开打印头模组，一只手托住打印头模组避免掉落，将标签穿过打印头模组下，另一只手从标签引导器中拉出标签，让标签从滚轴上方穿过。再次，向下合上打印头模组，直到听到“咔嚓”的一声。最后，合上顶盖，打开电源开关，若打印机电源已接通，直接按下FEED键。

② 安装碳带。首先，打开打印机上盖，露出卷纸仓，按下打印机两侧的释放钮，打开打印头模组，向上打开打印头模组露出碳带供应端，拆开碳带包装，取出碳带和空卷芯，将条码碳带前端少量连接到空卷芯上。其次，将碳带安装到碳带供应端（先卡左端再压入右端），关上打印头模组，再将空卷芯放入碳带回收端（先卡左端再压入右端）。最后，转动打印头模组左端的齿轮，确定碳带卷紧，同时向下按压打印头模组两侧，直到听到“咔嗒”一声。

（3）相关设置。在电脑端打开PosLabel驱动软件，找到鼠标左键点击“页面”和“标签”两大块的设置按钮，两部分都必须要设置正确。设置前请准备好直尺，直尺精确度要求在1毫米以上。测量出标签尺寸和左右间隙尺寸（由于每个客户使用的标签规格都不一样，所以必须严格设置标签大小，才能正确打印）。

（4）试打标签。可以试打一份标签，如果标签出现无法正常显示，返回至“相关设置”步骤，重新设置打印纸和标签，反复调至所需状态。

（5）验证条形码。在PosLabel软件首页面找到“输入条码”按钮，鼠标左键点击，然后手持条形码扫描枪对打印出来的条形码扫描（条形码扫描枪光标与条形码垂直）验证。

## ➢ 任务实施

经过该任务的学习，刘立庆掌握了条形码打印机的相关知识和具体操作流程，在仓储管理岗位上工作起来越来越得心应手。然而不久，仓库内的一个条形码打印机因为外力损坏，不具有维修价值，需重新购买一台。仓库主管将该任务交给了刘立庆，此时的刘立庆该如何去做呢？

第一步：确定需要使用条形码打印机的岗位。

第二步：明确知道要购买条形码打印机的类型。

第三步：掌握该类型条形码打印机的特点。

第四步：使用电子商务手段搜寻该类型打印机。

第五步：能够掌握该类型条形码打印机的操作方法。

## ◎ 任务评价

同学们，这次任务完成的情况如何？让我们对这次任务做一个评价，并将具体评价结果填写在表3–5、表3–6中。

**表3–5　任务执行情况评价表**

| | | |
|---|---|---|
| 自我评价（占20%） | | |
| **主要评价内容** | **分值** | **得分** |
| 是否掌握条形码打印机的知识 | 10 | |
| 能否熟练使用条形码打印机 | 10 | |
| 合计 | 20 | |
| 小组评价（占30%） | | |
| **主要评价内容** | **分值** | **得分** |
| 是否积极参与了小组的活动，并对小组任务完成做出了贡献 | 10 | |
| 是否遵守小组的纪律，并听从小组安排 | 10 | |
| 是否与小组同学合作默契 | 10 | |
| 合计 | 30 | |
| 教师评价（占50%） | | |
| **主要评价内容** | **分值** | **得分** |
| 是否掌握条形码打印机的知识 | 25 | |
| 能否熟练使用条形码打印机 | 25 | |
| 合计 | 50 | |
| 评语 | 教师签名：<br>年　月　日 | |

表3-6　教师评语及其个人总结

| 项目 | | 内容 |
| --- | --- | --- |
| 评语 | | 教师签名：<br>年　月　日 |
| 总结 | 学习收获 | |
| | 学习不足 | |
| | 如何改进 | |

## ◎ 拓展提升

### 二维码

现在许多平面媒体、电商、互联网应用，甚至是火车票等都开始应用一种叫“二维码”的标识。通过使用微信等带有二维码扫描功能的软件就可以识别出二维码的内容。那到底什么是“二维码”呢？今天就来介绍一下。

二维码又称二维条码，它是用特定的几何图形按一定规律在平面（二维方向）上分布的黑白相间的图形，是所有信息数据的一把钥匙。在现代商业活动中，可实现的应用领域十分广泛，如产品防伪/溯源、广告推送、网站链接、数据下载、商品交易、定位/导航、电子凭证、车辆管理、信息传递、名片交流、Wi-Fi共享等。现如今智能手机扫一扫功能的应用使得二维码更加普遍。

通俗点说，二维码就是图形化的计算机指令，只要通过对应的二维码识别工具就可以读取其中的指令并执行。

二维码比一般的条形码拥有更大的信息容量，理论上高密度编码，可容纳多达1 850个大写字母或2 710个数字或1108个字节，再加500多个汉字，比普通条形码信息容量高出几十倍。

智能手机的普及及高像素摄像头的应用，为二维码的应用提供了广泛的硬件支持。某天你就会看到某人的名片上印有二维码，扫描后就可以将手机号码自动保存到手机里了。

二维码除了黑白式的图形，还可以有许多其他变化，下面我们就来欣赏几个有创意的二维码（图3-13）。

图3-13　创意二维码

## ◎ 豁然开朗

刘立庆经过理论学习和实际操作的练习，发现计算机技术和信息技术已经广泛应用于仓储管理中。在今天电子商务大行其道的环境下，应该抓紧学习、不断进步，这样才能永立潮头。

## ◎ 应用训练

实训目的：通过实训，了解目前在电子商务环境下，物流企业的仓储作业流程。

实训内容：通过网络搜集分析学校所在地的物流企业，进行实地调研，了解电子商务环境下，这些物流企业的仓储作业情况，总结其进出库作业流程。分析其作业流程中的缺点，并提出改进措施。

实训要求：参与学生以分组的形式，在教师的指导下，分工协调完成实地调研和资料收集，并将资料分类整理，进行小组讨论，形成最终的实训报告。

## ◎ 学后测评

**一、判断题**

1. 仓储活动是随着人类社会的产生而出现的。（　　）
2. 仓储的社会功能主要是满足社会正常运转的操作。（　　）
3. 二维码比条形码能包含更多信息。（　　）
4. 出库时应遵循“先进先出”的原则。（　　）
5. 仓储管理的一个目的是保证储存物品的安全。（　　）

**二、不定项选择题**

1. 下列不属于货物出库流程的是（　　）。

A. 货物出库前准备　　B. 审核出库凭证

C. 出库信息处理　　D. 码垛

2. 下列不属于仓储管理基本原则的是（　　）。

A. 注重效益　　B. 确保安全　　C. 追求速度　　D. 做好服务

3. 仓储作业管理的核心是（　　）。

A. 效率管理　B. 人力资源管理　C. 生产管理　D. 货物安全管理

4. 不属于盘点作业内容的是（　　）。

A. 查工作流程　B. 查质量　C. 查保管条件　D. 查安全

5. 在转库作业中不需要完成的工作是（　　）。

A. 填写转仓时间　B. 填写制单时间　C. 填写制单人　D. 检查入库凭证

6. 出库的方式有（　　）。

A. 送货　B. 托运　C. 提货　D. 转仓

7. 出库作业的流程有（　　）。

A. 订单审核　B. 出库信息处理

C. 拣货（人工、自动）　D. 发货检查

8. 仓储的作用包括（　　）。

A. 调整生产和消费时间差　B. 保证产品质量

C. 加速产品周转和流通　D. 调节运输工具的运输能力

9. 下列属于货物出库要求的是（　　）。

A. 凭证发货　B. 先进先出　C. 及时记账　D. 保证安全

10. 仓储作业的过程包括（　　）。

A. 入库　B. 在库保管　C. 质量检测　D. 出库

**三、思考题**

1. 电子商务环境下的库存管理有哪些新的特点?

2. 简述电子商务环境下的仓储作业流程。

**四、案例分析**

## 自动化仓库的困惑

20 世纪 70 年代，北京某汽车制造厂建造了一座高层货架仓库（即自动化仓库 ）作为中间仓库，存放装配汽车所需的各种零配件。此厂所需的零配件大多数由其协作单位生产，然后运至自动化仓库。该厂是我国第一批发展自动化仓库的企业之一。

该仓库结构分高库和整理室两部分，高库采用固定式高层货架与巷道堆垛机结构，从整理室到高库之间设有辊式输送机。当入库的货物包装规格不符合托盘或标准货箱时，则需要对货物的包装进行重新整理，这项工作在整理室进行。由于当时各种物品的包装没有标准化，因此整理室的工作量相当大。

货物的出入库主要运用电脑控制与人工操作相结合的人机系统。这套设备在当时来讲是相当先进的。该库建在该厂的东南角，距离装配车间较远，因此在仓库与装配车间之间需要进行二次运输，即将所需的零配件先出库，装车运输到装配车间，然后

才能进行组装。

自动化仓库建成后，这个先进设施在企业的生产经营中所起的作用并不理想。因此，其利用率也逐年下降，最后不得不拆除。

案例思考：

1. 分析该企业自动化仓库在该企业没有发挥其应有作用的原因。

2. 我们从中得到哪些启示?

# ◯ 项目四 探寻电子商务下的物流配送

## ◎ 知识目标

1. 掌握电子商务配送的概念和特征
2. 掌握配送中心的基本作业管理
3. 了解物流配送的主要模式

## ◎ 能力目标

1. 能完成基本的配送作业
2. 能根据任务选择物流配送模式

## ◎ 素养目标

1. 具有责任心、团队合作意识和创新创业意识，能够理论联系实际，学以致用
2. 具有节约、环保、高效以及配送安全意识

## ◎ 案例导入

每一个成功的零售企业背后都有一个完善的配送系统支撑，一家成功的便利店背后一定有一个高效的物流配送系统。

在永辉超市的物流共同配送系统中，共同配送中心代替了特定批发商，分别在不同的区域统一集货、统一配送，并通过电脑网络配送系统与供应商及永辉超市店铺相连。为了保证不断货，配送中心一般会根据以往的经验保留 4 天左右的库存，同时中心的电脑系统每天都会定期收到各个店铺发来的库存报告和要货报告，配送中心会集中分析这些报告，最后形成一张张向不同供应商发出的订单，由电脑网络传输给供应商，而供应商则会在预定时间之内向配送中心派送货物。永辉超市配送中心在收到所有货物后，对各个店铺所需要的货物分别打包，等待发送。第二天一早，派送车就会从配送中心鱼贯而出，择路向自己区域内的店铺送货。整个配送过程就这样每天循环往复，为永辉超市的顺利运行修石铺路。

随着店铺的扩大和商品的增多，永辉超市的物流配送也越来越复杂，因此配送时间和配送种类的细分势在必行。以河南地区的永辉超市为例，全省的物流配送就细分

为出版物、常温食品、低温食品和鲜食食品四个类别的配送，各区域的配送中心需要根据不同商品的特征和需求量每天做出不同频率的配送，以确保食品的新鲜度，以此来吸引更多的顾客。新鲜、即时、便利和不缺货是永辉超市配送管理的最大特点，也是各家永辉超市店铺的最大卖点。

除了配送设备，不同食品对配送时间和频率也会有不同要求。对于有特殊要求的食品（如冰激凌），永辉超市会绕过配送中心，由配送车早中晚三次直接从生产商门口拉到各个店铺。对于一般的商品，永辉超市实行的是一日三次的配送制度：早上3点到7点配送前一天晚上生产的一般食品；早上8点到11点配送前一天晚上生产的特殊食品（如牛奶）及新鲜蔬菜；下午3点到6点配送当天上午生产的食品。这样一日三次的配送频率在保证了商店不缺货的同时，也保证了食品的新鲜度。为了确保各店铺供货的万无一失，配送中心还有一个特别配送制度来和一日三次的配送相搭配。每个店铺随时都会碰到一些特殊情况造成缺货，这时只能向配送中心打电话告急，配送中心则会用安全库存对店铺紧急配送，如果安全库存也已告罄，配送中心就转而向供应商紧急要货，并且在第一时间将货物送到缺货的店铺手中。

**问题：**

永辉超市的配送系统是如何演进的？其合理化配送有哪些做法？这些做法有什么好处？

## 任务一　认识配送

### 任务情景

刘立庆到河南豫鼎物流有限公司豫鼎商城郑州分公司实习，被安排到物流配送岗轮岗实习三个月，负责配货工作。在他上班的第一天，单证室同事交给他7张拣货单，他匆匆走到电子标签流利式货架前，将拣货单上的作业号与作业指示灯上的号码对比后，便开始了职业生涯中的首份工作。

### ◎ 任务目标

1. 掌握电子商务配送的概念
2. 能描述电子商务配送的功能要素

# ➢ 知识准备

## 一、物流配送的概念和特征

### 1. 配送的概念

配送是在经济合理区域范围内，根据用户要求，对物品进行拣选、加工、包装、分割、组配等作业，并按时送达指定地点的物流活动。电子商务的物流配送模式带来了流通领域的巨大变革，越来越多的企业开始积极搭乘电子商务快车。

目前我国电子商务业主要采用的是与第三方物流合作配送模式和自建物流配送模式，这两种模式各有优缺点。企业需要考虑自身的配送规模、控制能力、物流成本、服务水平、响应速度、对应水平等因素，选择适合的物流配送模式。

### 2. 电子商务物流配送的特征

（1）虚拟性。电子商务物流配送的虚拟性来源于网络的虚拟性。通过借助现代计算机技术，配送活动已由过去的实体空间拓展到了虚拟网络空间，实体作业节点可以虚拟信息节点的形式表现出来；实体配送活动的各项职能和功能可在计算机上进行仿真模拟，通过虚拟配送，找到实体配送中存在的不合理现象，从而进行组合优化，最终实现实体配送过程效率最高、费用最少、距离最短、时间最少的目标。

（2）实时性。实时性特征不仅有助于辅助决策，让决策者获得高效的决策信息支持，还可以实现对配送过程的实时管理。配送要素数字化、代码化之后，物流配送突破了时空制约，配送业务运营商与客户均可通过共享信息平台获取相应的配送信息，从而最大限度地减少各方之间的信息不对称，有效地降低了配送活动过程中的运作不确定性与环节之间的衔接不确定性，打破了以往配送途中的“失控”状态，做到了全程的“监控配送”。

（3）个性化。个性化配送是电子商务物流配送的重要特征之一。作为末端运输的配送服务，所面对的市场需求是多品种、少批量、多批次、短周期的，小规模的频繁配送将导致配送企业的成本增加，因而必须寻求新的利润增长点，而个性化配送正是这样一个开采不尽的“利润源泉”。电子商务物流配送的个性化体现为“配”的个性化和“送”的个性化。“配”的个性化主要是指通过配送企业在流通节点根据客户的指令对配送对象进行个性化流通加工，从而增加产品的附加价值；“送”的个性化主要是指依据客户要求的配送习惯、喜好的配送方式等为每一位客户制定量体裁衣式的配送方案。

（4）增值性。除了传统的分拣、备货、配货、加工、包装、送货等作业以外，电子商务物流配送的功能还向上游延伸到了市场调研与预测、采购及订单处理，向下游延伸到了物流咨询、物流方案的选择和规划、库存控制决策、物流教育与培训等附加功能，从而为客户提供具有更多增值性的物流服务。

3. 电子商务物流配送的优势

（1）高效配送。在传统的物流配送企业内，为了实现对众多客户大量资源的合理配送，需要大面积的仓库来储存存货，并且由于空间的限制，存货的数量和种类受到了很大的限制。而在电子商务系统中，配送体系的信息化集成可以使虚拟企业将散置在各地分属不同所有者的仓库通过网络系统连接起来，使之成为“集成仓库”，在统一调配和协调管理之下，服务半径和货物集散空间都放大了。这种情况下，货物配置的速度、规模和效率都大大提高，使得货物的高效配送得以实现。

（2）适时控制。传统的物流配送过程是由多个业务流程组成的，各个业务流程之间依靠人来衔接和协调，这就难免受到人为因素的影响，问题的发现和故障的处理都会存在时滞现象。而电子商务物流配送模式借助于网络系统可以实现配送过程的适时监控和适时决策，配送信息的处理、货物流转的状态、问题环节的查找、指令下达的速度等都是传统物流配送无法比拟的，配送系统的自动化程序化处理、配送过程的动态化控制、指令的瞬间到达都使得配送的适时控制得以实现。

（3）简化效率。传统物流配送的整个环节由于涉及主体的众多及关系处理的人工化，所以极为烦琐。而在电子商务物流配送模式下，物流配送中心可以借助网络实现配送环节的简单化和智能化。比如，计算机系统管理可以使整个物流配送管理过程变得简单和易于操作；网络平台上的营业推广可以使用户购物和交易过程变得效率更高、费用更低；物流信息的易得性和有效传播使得用户找寻和决策的速度加快、过程简化。很多过去需要较多人工处理、耗费较多时间的活动都因为网络系统的智能化而得以简化，这种简化使得物流配送工作的效率大大提高。

## 二、配送的分类

（1）按配送主体分类：配送中心配送、商店配送、仓库配送、生产企业配送。

（2）按配送时间和数量分类：定量配送、定时配送、定时定量配送、定点配送、定时定路线配送、即时配送。

（3）按配送品种和数量分类：少品种大批量配送、多品种少批量配送、成套配套配送。

（4）按配送的组织形式分类：分散配送、集中配送、共同配送。

（5）按配送的经营形式分类：销售配送、供应配送、销售—供应一体化配送、代存代供配送、代理配送。

（6）按配送企业的专业化程度分类：综合配送、专业配送。

## 三、配送的功能要素

配送的功能要素示意如图4–1所示。

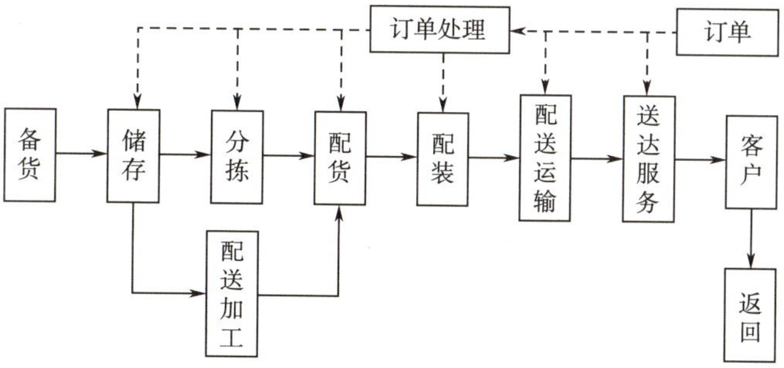


**图4–1　配送的功能要素示意图**

（1）备货。它是配送的准备工作或基础工作，包括筹集货源、订货或购货、集货、进货，以及相关的质量检查、结算、交接等内容。备货是决定配送成败的关键环节，如果备货不及时或不合理，成本较高，会大大降低配送的整体效益。

（2）储存。储存有储备和暂存两种形态。其中，储备是按一定时期的配送经营要求，形成的对配送的资源保证。暂存是具体执行日配送时，按分拣配货要求，在理货场地所做的少量储存准备。

（3）分拣。分拣是依据顾客的订单要求或配送计划，迅速、准确地将商品从其他储位或区位拣取出来，并按一定的方式进行分类、集中的作业过程。

（4）配货。配货是指将拣取分类完成的货品经过检验，放入集装箱并做好标记，然后运到发货准备区，待装车后发送。

（5）配装。配装是指当单个用户配送数量不能达到车辆的有效载运负荷时，对不同用户的配送货物进行搭配装载，以充分利用动能、动力。

（6）配送运输。配送运输属于运输中的末端运输、支线运输，是较短距离、较小规模、较高频率的运输形式，一般使用汽车作为运输工具。在实践中，需要考虑如何组合最佳线路、如何使配载和路线有效搭配等问题。

（7）送达服务。送达服务是指将配送的货物按照配送计划确定的配送路线送到用户指定地点，并与用户进行交接。

（8）配送加工。配送加工是按照配送客户的要求所进行的流通加工。在配送的功能要素中，配送加工不具有普遍性，但却是有重要作用的功能要素，因为通过配送加工可以大大提高配送用户的满意度。

电子商务配送示意如图4–2所示。

图4-2　电子商务配送示意图

## 延伸阅读

### 京东商城的物流配送

京东目前已经建立了沈阳、济南、西安、南京、杭州、福州、佛山、深圳等主要的二级分散中心。京东自建物流投入增加，使得其物流配送速度和服务质量整体得到大幅提高。京东商城努力构建极速供应链。当货物从供应商交付京东商城的仓库时，所有的操作都在计算机网络系统下运行，实现了标准化的流水线作业，在货物检查、货物处理、货物摆放、出库、扫描、打包、发货，甚至交付后的配送环节都建立了相应的监测点位，一旦出现问题，IT 系统会立即发出警告，相关人员就能找出问题所在，进行快速处理。

京东商城将自身信息系统对接给主要的供应商，在数据共享的前提下，整个物流的运输效率大大提高。此外，京东还拥有令同行望尘莫及的订单处理效率，只需要约一个半小时就可以完成从下单到发货的整个流程。消费者可以随时随地查询所购订单的处理状态，包括产品出库、扫描、包装和运输等每个环节的具体时间。京东极速供应链的构建成功，大大加快了存货周转速度，降低了库存贬值的风险，提高了资金回笼效率。这不仅大大地提高了直销模式下的时间价值，也从物流的响应速度上赢得了时间价值。

早期的京东业务主要集中在发达的一线城市，随着互联网应用以及它们在城市边界的虚拟网络中使用模糊特性的深入，京东业务阵营已经扩展至二级或三级城市。然而，在每个城市都建立自己的物流或运输公司的成本是巨大的。更重要的是，这些城市的利润不足以维持运营的物流中心。因此，在一线城市，京东选择自己配送；在二、三线城市，京东选择与第三方物流企业合作；对于运送困难的大物件，京东选择与制造商合作。因为制造商已经在各城市建立了自己的服务网点，并拥有自己的物流配送合作伙伴。

## ➢ 任务实施

刘立庆对豫鼎商城物流配送岗位的实习越来越感兴趣。他知道豫鼎商城是中国B2C市场的3C网购专业平台。其依托多年打造的庞大物流体系，给消费者带来了“足不出户，坐享其成”的便利。他很有兴致地和同事们讨论起预鼎商城的物流配送过程。

配送作业流程如图4-3所示。

**图4-3　配送作业流程图**

第一步：确认订单。

在顾客点击“提交订单”后新订单生成并将订单编号传递到系统。系统确认有货后，自动进入订单打印程序。

客户在网上下订单后，经过豫鼎商城的网络系统可以在网上或现有的ERP系统中看到客户下的订购单。订单可分为单个打印和批量打印。待订单打印完后，ERP系统中的打印栏由打印变成已打印；再由信息员对已打印的订单进行确认，由订单变成为货物分拣界面。

第二步：取货分拣。

豫鼎商城的仓库中，商品按照字母A-P的顺序依次摆放着，而出库员小李手上的汇总订单也是按照A-P的顺序排列下来。这样就可以从A区到P区依次取货，正好绕着仓库走一圈，而不用走回头路。一次要为20份左右订单同时取货。

在货物分拣完成后，交由发货包装组进行扫描出库和包装，同时分拣人员在ERP系统中将分拣过的货品资料前面进行打钩后，点击“确定”。此时，页面变成待发货页面，状态栏为待发货状态；再点击“确定”转为我们现有的ERP发货系统。

第三步：打包。

扫描和开具发票完成后，货品被送到打包区。打包员用塑料袋、泡沫和纸箱将货品包装好。每一个打包员身边也有一台电脑，打包员完成一次打包，就要往系统输入自己的编号和货品订单号。

第四步：送货。

通过豫鼎商城的GIS系统可以在订单页面上看到包裹实时的移动轨迹。在订单页面的地图上，包裹标识以一条红色的轨迹移动。包裹将要经过的线路是一条红色的虚线，已经过的线路是一条实线。

## ◎ 任务评价

同学们，这次任务完成的情况如何？让我们从三个方面对这次任务的质量做一个评价，并将具体评价结果填写在表4–1、表4–2中。

表4–1 任务执行情况评价表

<table>
<tr><td colspan="4">自我评价（占20%）</td></tr>
<tr><th colspan="2">主要评价内容</th><th>分值</th><th>得分</th></tr>
<tr><td colspan="2">是否掌握电子商务配送的基本知识</td><td>5</td><td></td></tr>
<tr><td colspan="2">能否说出配送的概念</td><td>5</td><td></td></tr>
<tr><td colspan="2">能否说出不同货物的配送要点</td><td>10</td><td></td></tr>
<tr><td colspan="2">合计</td><td>20</td><td></td></tr>
<tr><td colspan="4">小组评价（占30%）</td></tr>
<tr><th colspan="2">主要评价内容</th><th>分值</th><th>得分</th></tr>
<tr><td colspan="2">是否积极参与了小组的活动，并对小组任务完成做出了贡献</td><td>10</td><td></td></tr>
<tr><td colspan="2">是否遵守小组的纪律，并听从小组安排</td><td>10</td><td></td></tr>
<tr><td colspan="2">是否与小组同学合作默契</td><td>10</td><td></td></tr>
<tr><td colspan="2">合计</td><td>30</td><td></td></tr>
<tr><td colspan="4">教师评价（占50%）</td></tr>
<tr><th colspan="2">主要评价内容</th><th>分值</th><th>得分</th></tr>
<tr><td colspan="2">是否掌握电子商务配送的内涵</td><td>25</td><td></td></tr>
<tr><td colspan="2">能否描述电子商务配送的功能要素</td><td>25</td><td></td></tr>
<tr><td colspan="2">合计</td><td>50</td><td></td></tr>
<tr><td>评语</td><td colspan="3">教师签名：<br>年 月 日</td></tr>
</table>

表4–2 教师评语及其个人总结

<table>
<tr><th colspan="2">项目</th><th>内容</th></tr>
<tr><td colspan="2">评语</td><td>教师签名：<br>年 月 日</td></tr>
<tr><td rowspan="3">总结</td><td>学习收获</td><td></td></tr>
<tr><td>学习不足</td><td></td></tr>
<tr><td>如何改进</td><td></td></tr>
</table>

## ◎ 拓展提升

### 两种常见的拣货方法

摘果法：是指让拣货搬运员巡回于储存场所，按某客户的订单挑选出每一种商品，巡回完毕也完成了一次配货作业。将配齐的商品放置到发货场所指定的货位。然后，再进行下一个要货单位的配货。

播种法：是指将每批订单上的同类商品各自累加起来，从储存仓位上取出，集中搬运到理货场所，然后将每一位客户所需的商品数量取出，分放到不同客户的暂存货位处，直到配货完毕。

## ◎ 豁然开朗

通过这堂课的学习，刘立庆对配送有了全新的认识。原来物流配送包括备货、储存、分拣、配货、配装、配送运输、送达服务、配送加工等环节。现在刘立庆已经了解了新岗位的工作内容，他对配送的职业前景满怀信心。

# 任务二　配送中心及作业流程

## ➢ 任务情景

刘立庆现在是豫鼎商城武汉分公司配送中心的实习客户服务员。他收到一份配送订货单。根据业务归属，公司指派他管理配送作业流程。他对配送中心的作业流程充满好奇，于是兴致勃勃地投入这份工作中。什么是配送中心呢？怎么样才能做好这次作业流程呢？

## ◎ ➢ 任务目标

1. 掌握配送中心的作业流程
2. 能根据订货单完成配送

## ➢ 知识准备

### 一、配送中心的概念

配送中心是以组织配送性销售或供应，执行实物配送为主要职能的流通型节点。配送中心更靠近物流网络的末端，它既有集货中心集零为整的职能，又有分货中心化整为零的职能。为了优质、高效地配送，它还有较强的流通加工能力。因此，配送中心实际上是集货中心、分货中心和加工中心功能的高度综合。

## 二、物流配送中心的基本作业管理

物流配送中心内部的基本作业可归纳为九项，即进货作业、储存保管作业、盘点作业、订单处理、拣货作业、补货作业、发货作业、配送作业和搬运作业（图4–4）。

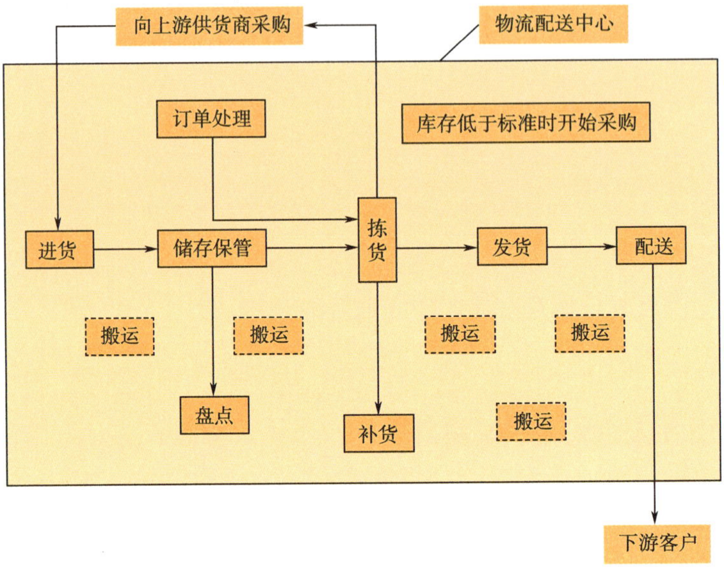


**图4–4　物流配送中心基本作业流程**

### 1. 进货作业

进货作业是指根据采购单信息，进行卸货、拆箱验收、理货与登记入库等的工作过程。

在物流配送中心的有关部门开出采购单后，进货入库管理员即可根据采购单的信息进行进货计划分析。到货后，进货入库管理员要做的工作就是组织卸货、拆箱验收、标示编码、理货与登记入库。图4–5展示了进货作业流程。

### 2. 储存保管作业

储存保管作业的主要任务在于保护、贮藏和对货物进行控制管理。与运输相对应，储存保管是以改变“物”的时间状态为目的的活动，从而消除产需之间的时间差异，获得更好的效用。在物流系统中，储存与运输是并列的两大功能，被称为物流的两大支柱。

储存保管的目标如下：一是最大限度地利用空间；二是最有效地利用劳力和设备；三是可以在任何时间方便地存取货物；四是最安全和经济地搬运货物；五是最妥善地保护与管理货物。

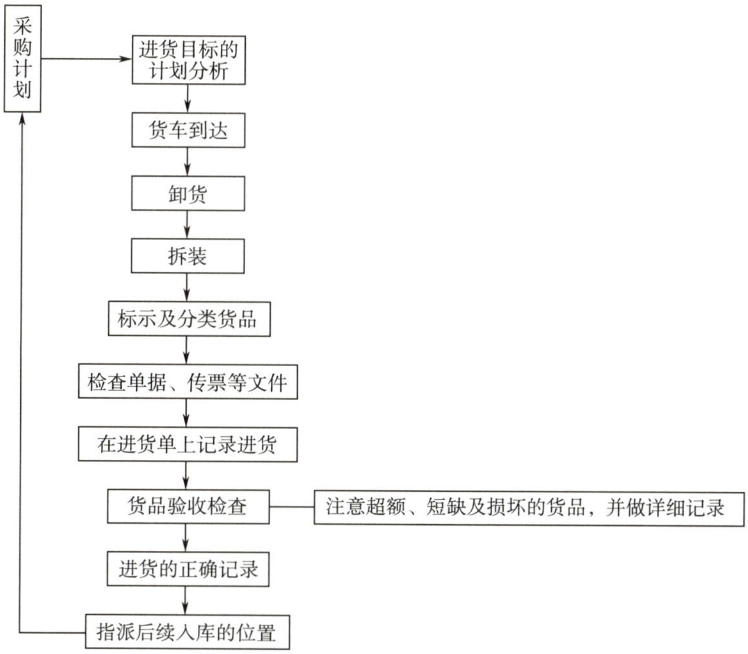


**图4–5　进货作业流程**

### 3. 盘点作业

在物流配送中心运行过程中，货物不断地进库和出库。在长期积累下，由于各种原因，账面库存数与实际库存数可能存在不一致的现象；另外，由于长期存放，货品的质量也会下降，不能满足用户需要。为了有效地掌握货品的实际数量和质量，必须定期或不定期地对各储存场所进行货物清点核查作业，这就是所谓的盘点作业（图4–6）。

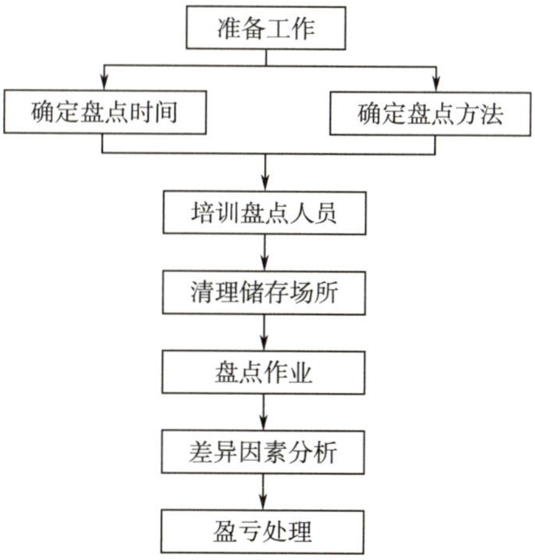


**图4–6　盘点作业程序**

### 4. 订单处理

作为物流配送的重要流程，订单处理是指从接到客户订单开始，到拣取货物为止的作业过程。配送活动是以用户订单作为依据。订单处理在配送中心的业务运作中占有十分重要的地位，它既是配送业务的核心，又是配送服务质量得以保障的根本条件。

随着科学技术的进步和信息传输手段的提高，订单传输的方式也更加先进。通过使用条形码技术、射频技术、电子数据交换系统，可及时将订货信息以电子化、网络化的方法传输给配送中心。配送中心接到客户的订单后，要对订单进行处理，按作业计划分配策略，分组释放。订单处理的流程如下：

（1）确认客户及订单资料。通过人工或电子方式进行订单资料输入，然后对订单资料进行基本检查。

（2）确认交易方式。物流配送中心每天需要面对有着不同需求的众多客户，而针对不同的客户或不同的商品，其交易方式也是不同的。

（3）存货查询。根据订单的需求，物流配送中心要对所需物品进行查询。

（4）确定拣货方式。拣货方式分为按订单拣取和批次拣取两种方式。确定拣货方式就是根据订单的品种、数量及出库频率，确定哪些订单适合按订单拣取，哪些订单适合按批量拣取，然后分别采取不同的拣货方式。

（5）输出拣货单。物流配送中心将客户订单资料进行计算机处理，生成并打印出拣货单。拣货单上标明储位，并按储位顺序来排列货物编号，作业人员据此拣货，可以缩短拣货路径，提高拣货作业效率。拣货单的格式见表4–3。

**表4–3　拣货单格式**

<table>
<tr><td colspan="4">拣货单编号：</td><td colspan="5">拣货时间：</td></tr>
<tr><td colspan="4" rowspan="3">顾客名称：</td><td colspan="5">拣货人员：</td></tr>
<tr><td colspan="5">审核人员：</td></tr>
<tr><td colspan="5">发货日期：　　年　　月　　日</td></tr>
<tr><td rowspan="2">序号</td><td rowspan="2">储位编号</td><td rowspan="2">货物名称</td><td rowspan="2">货物编码</td><td colspan="3">包装单位</td><td rowspan="2">拣取数量</td><td rowspan="2">备注</td></tr>
<tr><td>整托盘</td><td>箱</td><td>单件</td></tr>
<tr><td></td><td></td><td></td><td></td><td></td><td></td><td></td><td></td><td></td></tr>
<tr><td></td><td></td><td></td><td></td><td></td><td></td><td></td><td></td><td></td></tr>
</table>

### 5. 拣货作业

拣货作业是物流配送中心依据客户的订单要求或配送计划，迅速、准确地将货物从其储位拣取出来，并按一定的方式进行分类、集中，为发货做好前期准备的作业过程。在物流配送中心内部所涵盖的物流作业中，拣货作业是极为重要的一环，它是整个物流配送中心作业系统的核心。有人将拣货作业称为“出货的第一环节”，也有人称之为“物流配送中心的心脏”，足见其重要性。

由于用户的多品种、小批量需求日趋强烈，在大多数情况下，用户的每份订单都有多种商品。拣货作业的任务就是按订单要求迅速、准确地将不同种类和数量的商品集中起来。拣货作业的流程如图4–7所示。

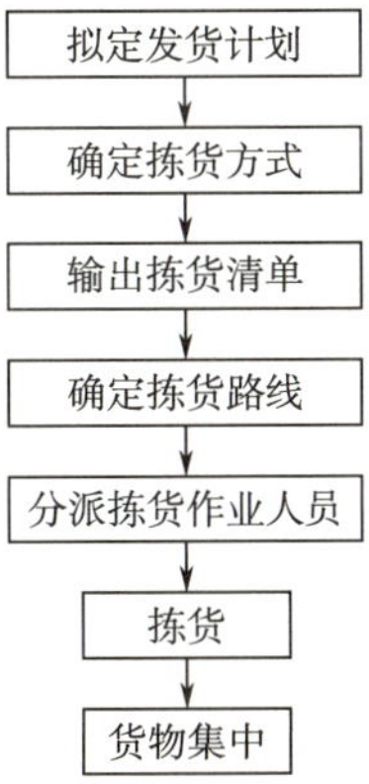


**图4–7　拣货作业的流程**

### 6. 补货作业

补货作业是将货物从仓库保管区域搬运到拣货区的工作。其内容包括：确定所需补充的货物；领取商品；做好上架前的各种打理、准备工作；补货上架。补货作业的目的是保证拣货区有货可拣。

补货作业可以分为以下类型：一是整箱补货，即由作业员到货架保管区取货箱，用手推车载箱至拣货区进行补货。这种方式适用于体积小且少量多样出货的货品。二是托盘补货，即使用堆垛机将托盘从保管区运到拣货动管区或货架动管区进行补货。这种方式适用于体积大或出货量多的货品。三是同货架补货，即利用堆垛机将上层保管区的货物搬至下层动管区。这种方式适用于体积不大、存货量不高，且多为中小量出货的货品。

### 7. 发货作业

发货作业是指将商品从仓库或生产现场运送至客户或分销商的过程。发货作业的效率和准确性直接影响客户满意度和企业形象。

为了确保发货作业的顺利进行，在发货前要做好充分的准备。发货作业的准备工作包括：一是原件货物的包装整理；二是零星货物的组配、分装；三是3包装材料、工具、用品的准备；四是待运货物的仓容及装卸机具的安排调配；五是发货作业的合理组织。

### 8. 配送作业

配送作业是指将货物从供应链中的一个环节运送到另一个环节的过程。配送作业涵盖了从货物分拣到最终送达指定地点的全过程。配送作业的目标是确保货物准时、安全地到达目的地，以满足客户需求。

影响配送作业的因素有交通网络、货物特性、仓储设施、人力资源、天气条件、订单管理、技术支持、成本控制等。

9. 搬运作业

搬运作业是指将物品从一个地点移动到另一个地点的过程，涉及物品的装载、卸载、运输等环节。根据物品性质、搬运距离、搬运方式等因素，搬运作业可分为人力搬运、机械搬运、自动化搬运等类型。

搬运作业是物流体系中的核心环节之一，连接着物品的采购、生产、销售等各个环节，对物流体系的顺畅运作起到至关重要的作用。

## ➢ 任务实施

作为预鼎商城订单处理员的刘立庆现在接到一份网上订购10台电视机的订单，那么怎么进行此订单的处理呢？他立即行动，开始仔细查看该订单，具体步骤如下（图4–8）：

图4–8　网上商城的订单处理流程

第一步：确认订单。

会员订单提交到商城系统后，商城系统管理员对订单的数据信息进行确认。确认的方式是通过电话联系会员。确认的内容主要包括会员填写的收货地址是否真实有效、商品配送相关情况等。系统提供管理员对订单进行确认有效与无效的操作处理。对于无效的订单，管理员可以直接取消。对于已经过确认的订单，将不能再进行修改。

第二步：分配订单。

订单进行确认有效后，商城管理员将订单分配到物流配送部门或人员，由后者进行备货、出货的处理。订单的配送是通过线下进行的。商城管理员根据线下的配送情况修改商城网上订单的配送状态进行标识。

第三步：订单收款。

订单的收款环节，主要是根据货到付款、款到发货两种类型进行处理。收款的情况一般是通过财务人员对确认有效的订单进行货款情况确认。如果是货到付款的订单，财务人员将根据配送人员的反馈修改订单的收款状态；如果是款到发货的订单，财务人员可以通过邮局的汇款情况、银行账号到账情况确认订单的收款状态。

第四步：发运订单。

发运订单就是真正的配送订单过程。商城管理员进行网上会员订单出货情况的标识修改，在商城系统将订单的处理过程视为完成阶段。

## ◎ 任务评价

同学们，这次任务完成的情况如何？让我们从三个方面对这次任务的质量做一个评价，并将具体评价结果填写在表4–4、表4–5中。

表 4–4　任务执行情况评价表

| 自我评价（占 20%） | | |
|---|---|---|
| **主要评价内容** | **分值** | **得分** |
| 是否清楚配送中心的概念 | 5 | |
| 是否熟悉配送中心的基本作业管理 | 5 | |
| 是否掌握订单处理的基本流程 | 10 | |
| 合计 | 20 | |
| 小组评价（占 30%） | | |
| **主要评价内容** | **分值** | **得分** |
| 是否积极参与了小组的活动，并对小组任务完成做出了贡献 | 10 | |
| 是否遵守小组的纪律，并听从小组安排 | 10 | |
| 是否与小组同学合作默契 | 10 | |
| 合计 | 30 | |
| 教师评价（占 50%） | | |
| **主要评价内容** | **分值** | **得分** |
| 能否在规定时间内小组合作完成工作任务并顺利展示，观点新颖，表述逻辑性强 | 25 | |
| 能否积极地通过合作、倾听和交流完成任务 | 25 | |
| 合计 | 50 | |
| 评语 | 教师签名：<br>年　　月　　日 | |

表 4–5　教师评语及其个人总结

| 项目 | | 内容 |
|---|---|---|
| 评语 | | 教师签名：<br>年　　月　　日 |
| 总结 | 学习收获 | |
| | 学习不足 | |
| | 如何改进 | |

## ◎ 拓展提升

### 订单处理系统

对于所订购的商品，在接到订购通知后，应通过连贯性的作业，经由出货系统、配送系统的指示送达客户手中。因此，订单处理系统的主要功能包括：一是接收订单功能。即能够迅速、准确地接收订单内容，并且能运用网络信息来接收订单。二是库存核查回复交货期功能。即在接获订单后立即核查库存量，并且即时回复客户交货期。三是追加订购管理功能。即为了回复商品交货期所作的追加订购管理，做到采购管理与追加订购管理同步化。四是查询功能。即迅速、准确地回复客户的查询。

订单处理系统主要包括两种作业，即客户询价、报价与订单接收、确认、输入。由此，与其相对应的两个系统为自动报价系统和订单传送系统。

（1）自动报价系统。自动报价系统需要输入的数据包括客户名称、询问商品的名称、商品的详细规格、商品等级等。然后，系统根据这些数据调用产品明细数据库、客户交易此商品的历史数据库、对此客户报价的历史数据库、客户数据库、厂商采购报价等，以取得此项商品的报价历史资料、折扣数据、客户以往交易记录及客户折扣、商品供应价等数据。接着由报价单制作系统打印出报价单，经销售主管核准后即可送达客户。报价单经客户签收后即可成为正式订单。

（2）订单传送系统。订单传送的方法有多种，包括邮寄、销售人员取回、电话订购、传真订购及通过计算机网络订购等。若订单是由报价单确认而来，可由系统将报价数据转换为订购数据；若订单由计算机网络传送，则需根据电子数据交换标准格式将数据转换成内部订单文件格式。输入转换后的订购资料须由销售人员核查在客户指定的出货日期能否如期出货，并通过访问库存控制数据库、拣货产能调用数据库、包装产能调用数据库、运送设备产能调用数据库、人力资源调用数据库等核查其资源能力，数据确认即可转入待出货订单数据库中，并激活上述各数据库中的数量。当销售部门无法如期配送时，可由销售人员与客户协调，是否分批交货或延迟交货，然后按协调结果修改订单数据文件。销售人员还须检查客户付款状况及应收账款数是否超出公司所定的信用额度，超出额度时则须由销售主管核准后再输入订购数据。当商品退回时，可按订单号码找出原始订购数据及配送数据，修改其内容并标示退货记号，以备退货数据处理。

## ◎ 豁然开朗

刘立庆在经历了配送中心的轮岗实习后，接到了客户的订单，能够对订单进行处理，并按作业计划和程序独自完成订单处理任务了，同时还熟悉了配送中心的作业流程，很好地处理了出现的各种问题和故障，领导也对他的表现赞不绝口。

# 任务三　配送模式的选择

## ➢ 任务情景

经过三个月的实习，刘立庆对电子商务的配送工作有了初步的认识，现在他对配送产生了浓厚的兴趣，面对新的更为复杂的工作情景，他需要针对不同的情况选择正确的配送模式。

## ◎ ➢ 任务目标

1. 了解配送的主要模式
2. 能根据情景选择合适的配送模式

## ➢ 知识准备

### 一、配送的主要模式

配送模式是企业对配送所采取的基本战略方法。根据国内外的发展经验及我国的配送理论与实践，目前主要有以下几种配送模式。

#### 1. 第三方配送模式

第三方配送模式是指交易双方将自己需要完成的配送业务委托给第三方来完成的一种配送运作模式。它的服务内容包括设计物流系统、电子数据交换能力、报表管理、货物集运、信息管理、仓储、咨询、运费支付和谈判等。随着物流产业的不断发展以及第三方配送体系的不断完善，第三方配送模式成为工商企业和电子商务网站进行货物配送的一个首选模式和方向。

#### 2. 自营配送模式

自营配送模式是指企业物流配送的各个环节由企业自身筹建并组织管理，实现对企业内部及外部货物配送的模式。这种模式有利于企业供应、生产和销售的一体化作业，系统化程度相对较高。一般而言，采取自营配送模式的企业大多是规模较大的集团公司，有代表性的是连锁企业的配送。

在我国电子商务B2C领域中，采用企业自建物流体系的一般是像京东商城、等大型企业。企业通过组建自己的物流中心，既可以为本企业的生产经营提供配送服务，如满足企业内部生产的材料供应、产品的销售、对零售商店的供货等，也可以利用自身的物流体系承担其他企业和商家的物流配送业务。

选择自营配送模式有两个基础：一是规模基础，即企业自身物流具有一定量的规模，完全可以满足配送中心建设发展需要；二是价值基础，即企业自营配送将配送所创造的价值提升到了企业的战略高度。

3. 物流一体化配送模式

物流一体化是在第三方物流的基础上发展起来的。所谓物流一体化，就是以物流系统为核心的由生产企业，经由物流企业、销售企业，直至消费者的供应链的整体化和系统化。在这种模式下，物流企业通过与生产企业建立广泛的代理或买断关系，与销售企业形成较为稳定的契约关系，从而将生产企业的商品或信息进行统一组合处理后，按部门订单要求，配送到店铺。这种配送模式还表现为在用户之间交流供应信息，从而起到调剂余缺、合理利用资源的作用。

4. 共同配送模式

共同配送是为提高物流效率，对某一地区的用户进行配送时，由多个物流企业联合在一起进行的配送。它是在配送中心的统一计划、统一调度下展开的。主要包括两种运作形式：一是由一个物流企业对多家用户进行配送，即由一个配送企业综合某一地区内多个用户的要求，统筹安排配送时间、次数、路线和货物数量，全面进行配送；二是仅在送货环节上将多家用户待运送的货物混载于同一辆车上，然后按照用户的要求分别将货物运送到各个接货点，或者运到多家用户联合设立的配送货物接收点。目前，大型现代化配送中心的建设跟不上电子商务物流的发展要求，实行共同配送是积极可行的选择。

## 二、电子商务配送模式的选择

企业在进行电子商务时，选择何种配送模式主要取决于配送成本、配送服务、商品特点、市场环境等因素。

1. 配送成本

（1）配送作业成本：主要是指某种物流配送模式下的配送作业导致的直接成本，包括库存成本、订单处理成本、装卸搬运成本、包装加工成本、运输成本等。对于自营配送模式以外的其他配送模式来说，其配送作业成本可以看成是每个配送单元的配送价格。而对于自营配送模式来说，其配送作业总成本=库存成本+运输成本+装卸搬运成本+包装加工成本+分拣成本，那么其配送作业成本=配送作业总成本/配送单元数。

（2）投资成本：主要是指某种配送模式下企业需要付出的投资成本，包括投资资金和投资的设备、设施等资源。对于自营配送模式来说，其投资成本就是用来建设配送中心的资金和用于购买各种设备的资金，投资成本=自建配送中心的资金+配送中心的各种运输、装卸、分拣、加工等设备成本。对于共同配送或者第四方物流配送来说，其投资成本是超市用于配送的各种设施设备成本。对于选择供应商直接配送、第三方配送或者第三方物流企业联盟配送来说，超市基本不存在投资成本。

（3）选择成本：主要是指为确保选择到最适合自身的物流服务提供商所花费的人力、物力成本等。对于自营配送模式和供应商直接配送来说，由于没有花费人力、物力去选择适合自身的物流服务提供商，所以基本不存在选择成本。对于共同配送、第三方配送、第三方物流企业联盟配送以及第四方物流配送这四个配送模式来说，都涉及选择物流服务提供商，这就需要花费一定的人力、物力来进行评判选择，也就构成了选择成本。

（4）服务成本：主要是指某种配送模式下为连锁超市门店服务的成本，包括订单处理成本和信息管理成本。需要注意的是，这些成本之间有的存在着二律背反现象：比如说减少库存可以降低库存成本，但会带来运输距离和次数的增加而导致运输成本增加。所以，在选择配送模式时，不能仅仅以某一项成本最小为目标，而要对配送的总成本加以论证。

### 2. 配送服务

现在的企业改变了以前对企业高额利润过分追求的做法，加强了对消费者满意度的重视，并努力做到以适合的质量、适合的数量、适合的时间、适合的地点、适合的价格、适合的商品来满足消费者的需求。因此，配送模式所能提供的服务能力和服务质量也是至关重要的。配送活动的绩效成为评价配送模式中配送服务标准的指标体系，主要包含以下几个方面：

（1）服务的准时性：是指保证缺货率最低和配送时间最短的能力。通常我们可以用准时配送率来表示服务的准时性，而准时配送率可以通过月内准时配送次数/配送总次数计算获得。

（2）服务的全面性：是指能提供多种物流配送服务，不仅包括仓储、包装、组配、运输等，还包括个性化的增值服务。

（3）服务的安全性：是指配送过程中降低货物的损坏率，将货物安全送到分店的能力。通常我们可以用货损货差率来表示服务的安全性，而货损货差率可以通过月内货损货差次数/配送总次数计算获得。

### 3. 商品特点

（1）商品运输时间。某些商品所要求的运输时间严格（如保质期短的商品），不允许有中间环节存在，所要求的供应链尽可能短，这时就可能考虑通过供应商直接配送模式。这个指标可以通过运输时间的要求程度来加以评判。

（2）商品特殊配送要求。对于特殊商品用普通的配送工具很难保证商品到达企业时的质量，而特殊商品对配送又有着特殊的需求，不是每一个物流服务提供商都具备条件，所以在选择配送模式时要更加注意。这个指标可以通过特殊配送需求的提供能力来加以评判。

4. 市场环境

物流系统建设是一项长期艰巨的任务，尤其是自建配送中心，需要投入大量的资金。目前我国物流服务市场还不规范，相关的法律法规还不完善，对于选择自营配送模式以外的其他模式，连锁超市所能控制配送流程的范围较小。这个指标可以通过协调控制能力的大小来加以评判。

## ➤ 任务实施

河南豫鼎物流有限公司现有 100 箱五粮液白酒需送达附近客户，刘立庆作为郑州配送中心的实习员工，遇到了实际问题，应该选择什么样的配送模式，具体步骤如下：

第一步：考量配送效率。白酒商品配送属于多品种、少批量的专业性配送。尽管共同配送和物流一体化配送也能缓解自身配送压力，但考虑经营数据、地理环境、客户状况及自身资源等因素，不适合烟酒百货商城的实际情况，故排除共同配送和物流一体化配送模式。

第二步：考量配送成本。目前烟酒零售的配送方式主要有第三方配送和自营配送两种模式。对于共同配送和物流一体化配送模式来说，都涉及其他物流服务提供商，这就需要花费一定的人力、物力，也就加大了成本。

第三步：考量配送服务品质。自营配送模式切合实际，配送服务流程比较规范，应急补货机制比较健全，而且性价比和客户的满意度普遍较高。所以，优先选择自营配送模式。

## ◎ 任务评价

同学们，这次任务完成的情况如何？让我们从三个方面对这次任务的质量做一个评价，并将具体评价结果填写在表4–6、表4–7中。

表4–6　任务执行情况评价表

| 自我评价（占20%） | | |
|---|---|---|
| 主要评价内容 | 分值 | 得分 |
| 是否掌握两种物流配送模式的特点 | 5 | |
| 能否区分不同的物流配送模式 | 5 | |
| 能否选择不同的物流配送模式完成不同的任务 | 10 | |
| 合计 | 20 | |

续表

| 小组评价（占30%） | | |
|---|---|---|
| **主要评价内容** | **分值** | **得分** |
| 是否积极参与了小组的活动，并对小组任务完成做出了贡献 | 10 | |
| 是否遵守小组的纪律，并听从小组安排 | 10 | |
| 是否与小组同学合作默契 | 10 | |
| 合计 | 30 | |
| 教师评价（占50%） | | |
| **主要评价内容** | **分值** | **得分** |
| 能否在规定时间内小组合作完成工作任务并顺利展示，观点新颖，表述逻辑性强 | 25 | |
| 能否积极地通过合作、倾听和交流完成任务 | 25 | |
| 合计 | 50 | |
| 评语 | 教师签名：<br>年　月　日 | |

**表4–7　教师评语及其个人总结**

| **项目** | | **内容** |
|---|---|---|
| 评语 | | 教师签名：<br>年　月　日 |
| 总结 | 学习收获 | |
| | 学习不足 | |
| | 如何改进 | |

## ◎ 拓展提升

### 物流成本居高不下 共同配送模式成未来趋势

我国物流行业仍存在物流服务品牌繁杂、物流设施建设重复、资源利用率不高等问题，物流成本居高不下，成为制约发展的短板。弥补这一短板，共同配送模式成为不二选择。

从广义上讲，共同配送是将多个客户联合起来，在不同客户之间进行有序配送的服务。其模式分为多对一、多对多两种，是将来自不同货源的货物集约起来，由一个或多个配送企业对一家或多家用户按指令进行配送。其中间的物流——第三方承运商，可以同时为多家货源统一配送，按其配送规模可以划分为以下三个层面：

第一层面，大型共同配送（多对多）。多应用于海运、空运和铁路等长途运输领域的大宗货物的共同运输，即多家物流公司联合配送来自多家货源的货物。以地中海和马士基两大航运知名企业为典型代表。

通过共享仓位降低空载率和物流成本，提高物流资源利用率。海运在运载同一地点不同类别货物的同时，可以在同一航线不同地点卸货后，再补充搭载新的顺路货物，大幅降低空载率。前提是有一个信息大平台作为支撑，对订单进行全面、综合的智能调配，能够随时随地接收与调配。

第二层面，中型共同配送（一对多）。在商超和医药等领域应用较为广泛。商超主要涉及快消品和药品，其多频次、多品种、小批量的特征导致配送成本提高。所提高的成本要么通过降低配送中心利润率来承担，要么通过提高商品价格转嫁给客户，因此不利于企业发展。

共同配送模式：一方面，能够合理计划配载单元，充分考虑一次性装车时容积与重量对配送的互补性，提高配送效率；另一方面，制订有效的运输计划，安排合理的配送路线，充分发挥配送车辆的整体优势，改变车辆使用率偏低的现状。

第三层面，小型、微型共同配送，即“最后一千米”。国内“最后一千米”的配送服务，尤其是涉及城市郊区和农村的物流服务，满意度不尽如人意。

对此，可利用大数据进行科学分析，在物流量大的地方建立分拨中转中心，这对城市和城际之间的配送尤为重要。在城市需求密集的地方、城市交界处乃至延伸到农村，建立能够及时响应的分拨中心。在这方面，菜鸟驿站、小麦公社乃至鸟箱的出现和兴起开辟了先河，奠定了基础。

## ◎ 豁然开朗

刘立庆通过学习了解了电子商务物流配送模式，从更为广泛的竞争、合作、协调角度来认识企业。他在配送方面的知识与技能突飞猛进，由刚开始的懵懂到现在熟悉各个配送模式，大大提高了自己的职业素质和实践技能。领导对他的业务能力也越来越满意。

## ◎ 应用训练

实训目的：通过实训，了解目前在电子商务环境下，配送中心的配送作业流程。

实训内容：通过网络搜集分析学校所在地的物流配送中心，进行实地调研，了解电子商务环境下，这些配送中心的配送作业情况，总结其配送作业流程。分析其作业流程中的缺点，并提出改进措施。

实训要求：参与学生以分组的形式，在教师的指导下，分工协调完成实地调研和资料收集，并将资料分类整理，进行小组讨论，形成最终的实训报告。

## ◎ 学后测评

**一、判断题**

1. 配送中心可以说是物流中心的一种形式。（　　）

2. 配送加工是流通加工的一种，但配送加工有它不同于一般流通加工的特点，即配送加工一般只取决于用户要求，其加工的目的较为单一。（　　）

3. 拣选是配送中心作业活动中的核心内容。（　　）

4. 一般来说，配送圈大的话，配送中心的配置数量就会多，配送成本相对高；反之，配送中心的数量减少，顾客距离缩短，配送成本降低，运输成本也会降低。（　　）

5. 共同配送是由多个企业为了实现运输规模经济而联合组织实施的配送活动。（　　）

**二、不定项选择题**

1. 下列有关配送的理解正确的是（　　）。

A. 配送实质就是送货，和一般送货没有区别

B. 配送要完全遵守“按用户要求”，只有这样才能做到配送的合理化

C. 配送是物流中一种特殊的、综合的活动形式，与商流是没有关系的

D. 配送是“配”和“送”的有机结合，为追求整个配送的优势，分拣、配货等各项工作是必不可少的

2. 下列关于配送功能的表述中，错误的是（　　）。

A. 有益于物流运动实现合理化

B. 有利于合理配置资源

C. 只要做好配和送，不需要开发什么新技术

D. 可以降低物流成本，促进生产快速发展

3. 所谓拣选，就是按订单或出库单的要求，从（　　），并放置在指定地点的作业。

A. 转运场所选出物品　　B. 检验场所选出物品

C. 加工场所选出物品　　D. 储存场所选出物品

4. 配送中心的最重要特征之一是对货物进行（　　）。

A. 搬运　　B. 检验　　C. 运输　　D. 组配

5. 配送中心的业务活动是以（　　）发出的订货信息作为驱动源。

A. 生产订单　　B. 客户订单　　C. 采购订单　　D. 内部订单

6. 分拣作业的基本过程包括（　　）等环节。

A. 拣货信息　　B. 行走和搬运　　C. 拣取　　D. 分类与集中

7. 作为配送活动的基本环节，集货业务包括（　　）等基本内容。

A. 组织货源　　B. 储存货物　　C. 运送货物　　D. 库存保管

8. 配送具有（　　）两种基本职能。

A. 采购　　B. 存储　　C. 送货　　D. 订货

9. 按配送商品的种类和数量，配送可分为（　　）。

A. 少品种、大批量配送　　B. 多品种、少批量、多批次配送

C. 成套配套配送　　D. 公路、铁路、水运、航空配送

10.电子商务物流配送的特点有（　　）

A. 虚拟性　　B. 实时性　　C. 个性化　　D. 增值性

**三、思考题**

1. 简述配送的一般流程。

2. 简述电子商务物流配送的概念和特征。

3. 订单处理主要有哪些程序?

4. 物流配送的主要模式有哪些?

**四、案例分析**

### 沃尔玛的快速送货

在沃尔玛超市里，“天天低价”是其最醒目的标签。沃尔玛以合理的利润率决定价格，“天天低价”的背后有一整套完善的物流管理系统，使沃尔玛保持最大销售量和低成本的存货周转。沃尔玛绕开中间环节直接从供货商进货，注意保护供货商的利益，共同降低成本。沃尔玛放弃了通行的直接送货到商店的方式，创建了集中管理的配送中心，配送中心负责商品的集中、筛选、包装和分拣工作。

从沃尔玛商店用计算机发出订单，到商品补充完毕，平均只需 2 天。沃尔玛组建了自己高效的运输车队，实现了全美范围内的快速送货，使沃尔玛各分店即使只维持极少存货也能保持正常销售，大大节省了存贮空间和费用。沃尔玛通过自己的卫星通信系统，将供货商、配送中心和各分店紧密地连成一体，既提高了工作效率，也降低了成本，使得沃尔玛超市所售货物在价格上占有绝对优势。沃尔玛创始人山姆·沃尔顿认为，“供应链制胜的关键是——永远都要比对手更好地控制成本”。用“成也配送，

败也配送”来形容电子商务与物流的关系是恰当的。可以说，电子商务是信息传播的保证，而物流配送是执行的保证，配送则是衡量电子商务服务能力的重要指标。

案例思考：

1. 结合案例，请概括沃尔玛保持最大销售量和低成本的成功经验。

2. 结合案例和教材中的知识，谈谈合理的配送有哪些做法。

# ◎ 项目五 探寻电子商务下的物流装卸搬运

## ◎ 知识目标

1. 掌握装卸搬运和装卸合理化的相关概念
2. 掌握手动液压托盘搬运机的使用步骤和注意事项

## ◎ 能力目标

1. 能熟练操作各类叉车及运输车辆等装卸搬运设备
2. 能进行合理化的装卸搬运
3. 能对搬运车的常见故障进行维修

## ◎ 素养目标

1. 能够不断学习装卸搬运管理的新知识、新方法
2. 具有强烈的责任心和团队合作意识
3. 具有创新创业意识，能够理论联系实际，学以致用
4. 具有节约、环保以及安全操作意识

## ◎ 案例导入

### 云南烟叶生产物流降低装卸搬运成本

云南省烟草烟叶公司作为云南烟草行业的重点骨干企业，是云南省最大的云烟原料加工基地，是集收购、加工、储存、销售于一体的国有中型企业，公司总的仓储、复烤能力达到了 150 万担，承担着云南省烤烟 15%的复烤加工任务，以及省内烟厂和全国 40 多家烟厂的烟叶调拨任务。1995 年从国外引进了两条 12 000 千克/时打叶复烤生产线，加速了资产流动，优化了资源配置，迅速实现了资产的保值增值。多年来，公司倡导“服务、管理、质量、诚信”的经营管理观念，制定了有利于企业发展的“改革促发展、管理求效益、心中有客户、精诚铸信誉”的公司方针。注重企业信誉，以一流的产品、一流的服务，获取良好的社会效益和经济效益是公司始终不渝的追求。同时，公司依靠市场开拓、技术创新和广大员工的艰苦努力，实现经济效益大幅度增长，成绩令人瞩目。云南省烟草烟叶公司已步入现代化复烤企业的行列，一个以原料

为核心，以销售为龙头，以出口为纽带，以烤烟为主业，多种经营的新发展格局已经形成。在烟草行业新的机遇与挑战面前，云南省烟草烟叶公司在继续发挥企业各种优势的同时不断强化管理，采取行之有效的措施降低成本，提高企业利润。为了降低物流成本、真正实现物流系统管理思路，该公司改进了现有的生产物流系统，采取了以下措施：

（1）取消合并装卸搬运环节。公司在生产物流系统设计中研究了各项装卸搬运作业的必要性，千方百计地取消、合并装卸搬运环节，减少装卸搬运次数。

（2）实现生产物流作业的集中和集散分工。公司集中安排存储保管物流系统的卸载点和装载点。在货场内部，将同一等级、产地的烟叶集中在同一区域内进行物流作业，如建立专业货区、专业卸载平台等。

（3）进行托架单元化组合，充分利用机械进行物流作业。公司在实施物流系统作业过程中充分利用和发挥机械作业，如叉车、平板货车等，增大操作单位，提高作业效率和生产物流“活性”，实现物流作业标准化。

（4）合理分解装卸搬运程序，改进装卸搬运各项作业，提高装卸搬运效率，在最短时间内完成烟叶加工的所有工艺流程。

（5）提高生产物流的快速反应能力。公司通过烟叶数据库的建设，促进网络信息的发展，将物流的各个环节连成一个整体，按照统一的生产计划准时实现烟叶物资的流动。

通过上述措施，公司逐渐加强了现场管理，简化了生产工艺流程，从而达到了降低综合损耗和物流相关成本的目的。

**问题：**

（1）通过学习云南烟叶生产物流降低装卸搬运成本的案例，同学们有什么样的感受？

（2）该企业取得成功的因素有哪些？

## 任务一　认识装卸搬运

### ➢ 任务情景

在一次实习中，刘立庆遇到了学习物流的刘可，刘立庆认为装卸搬运最重要的是需要吃苦耐劳的精神和毅力，刘可认为新时代背景下的装卸搬运对从业者提出了更高的要求。那么，装卸搬运具体有哪些新的要求呢？让我们一起进入装卸搬运知识的学习吧。

## ◎ ➤ 任务目标

1. 掌握装卸搬运的相关概念
2. 能熟练操作各类叉车及运输车辆

## ➤ 知识准备

### 一、装卸搬运概述

装卸：在同一地域（地点）范围内（如工厂、车站、机场、码头、货场、仓库内部等），以改变“物”的存放地点或支承状态为目的的活动。中华人民共和国国家标准《物流术语》（GB/T 18354—2021）对装卸的定义：在运输工具间或运输工具与存放场地（仓库）间，以人力或机械方式对物品进行载上载入或卸下卸出的作业过程。

搬运：以改变“物”的空间位置（通常指短距离）为目的的活动。中华人民共和国国家标准《物流术语》（GB/T 18354—2021）对搬运的定义：在同一场所内，以人力或机械方式对物品进行空间移动的作业过程。

在物流科学中并不特别强调两者的差别，而是作为同一种活动对待，全称为“装卸搬运”。

#### 1. 装卸搬运的定义及组成

装卸搬运是指将不同形态的散装、包装或整体的原料、半成品或成品，在平面或垂直方向加以提起、放下或移动，使物品能适时、适量移至适当的位置或场所存放。

以往装卸搬运是使用人力较多的作业，近年来开始追求机械化、自动化、省力化、无人化等方法，以减少劳动力的使用并降低成本。这种趋势是提高装卸搬运效率的方向。

装卸搬运作业可分为以下六个方面：

（1）装卸：将货物装上或卸下运输工具。

（2）搬运：将货物在短距离内移动。

（3）堆码：将物品或包装货物进行码放、堆垛等。

（4）取出：将物品从保管场所取出。

（5）分类：将物品按品种、发货方向、顾客要求等进行分类。

（6）集货：将物品备齐，以便随时装货。

#### 2. 装卸搬运在物流中的地位

装卸搬运作为物流系统的构成要素之一，是为运输和保管的需要而进行的作业，但是相对于运输产生的场所效用和保管产生的时间效用来说，装卸搬运活动本身并不产生价值。

然而，从生产到消费的流通过程中，装卸搬运是必不可少的作业，装卸搬运的好坏对物流成本的影响很大，装卸搬运作业与物品被破坏、污损造成的损失密切相关，且对货物的包装费用也有一定的影响。因此，装卸搬运的合理化是提高物流效率的重要手段之一。

## 二、装卸搬运设备

装卸搬运设备按不同的作业性质可分为装卸机械、搬运机械及装卸搬运机械。按装卸搬运工具可分为叉车类、吊车类、输送机类、作业车类和管道输送设备类。这些装卸设备及装卸搬运工具为生活和工作带来了极大的便利，同时提高了效率。这里主要给大家介绍常见的起重机和叉车。

### 1. 起重机的分类

(1) 桥式起重机是指由能运行的桥架结构和设置在桥架上能运行的起升结构组成的起重机械（图5–1)。

图5–1　桥式起重机

(2) 梁式起重机由简单截面梁和起重小车两大部分组成（图5–2)。

图5–2　梁式起重机

（3）龙门起重机又称为龙门吊或门式起重机，它因由支撑在两条刚性或一刚一柔支腿上的主梁构成的门形框架而得名（图5-3）。

**图5-3　龙门起重机**

（4）门座起重机是装在沿地面轨道行走的门型底座上的全回转臂架起重机，是码头前沿的通用起重机械之一（图5-4）。

**图5-4　门座起重机**

（5）浮式起重机是以专用浮船作为支撑和运行装置，浮在水上作业，可沿水道自航或拖航的水上臂架起重机（图5-5）。

## 2. 叉车的分类

（1）叉车又称为铲车、叉式装卸车，是装卸搬运机械中最常用的具有装卸、搬运双重功能的机械。

（2）叉车的工作特点如下：

①机械化程度高。

②机动灵活性好。

图5-5 浮式起重机

③可以“一机多用”。

④能提高仓库容积的利用率，堆码高度一般在3~5米。

⑤有利于开展托盘成组运输和集装箱运输。

⑥与大型起重机械相比，它的成本低、投资少，能获得较好的经济效果。

（3）几种常用叉车如下：

①平衡重式叉车。平衡重式叉车是使用最为广泛的叉车。货叉在前轮中心线以外，为了克服货物产生的倾覆力矩，在叉车的尾部装有平衡重。这种叉车适用于在露天货场作业，一般采用充气轮胎，运行速度比较快，而且有较好的爬坡能力。取货或卸货时，门架可以前移，便于货叉插入，取货后门架后倾以便于在运行中保持货物的稳定（图5-6）。

图5-6 平衡重式叉车

②前移式叉车。前移式叉车的门架或货叉可以前后移动，它结合了有支撑臂的电动堆垛机与无支撑臂的平衡重式叉车的优点，当门架前伸至顶端时，载货重心落在支点外侧，此时相当于平衡重式叉车；门架完全收回后，载货重心落在支点内侧，此时

相当于电动堆垛机。这两种性能的结合，使得在保证操作灵活性及高荷载性能的同时，体积与自重不会增加很多，最大限度地节省了作业空间（图5-7）。

图5-7　前移式叉车

③侧面式叉车。侧面式叉车的门架、起升机构和货叉位于叉车的中部，可以沿着横向导轨移动。叉车的侧面除了货叉外，还有一个货物平台（图5-8）。

图5-8　侧面式叉车

④插腿式叉车。插腿式叉车是指带有外伸支腿，货叉位于两支腿之间，载荷重心始终位于稳定性好的支撑面内的堆垛用起升车辆。插腿式叉车可以增加车身的稳固性，有效降低车身的重量，缩短堆高车的尺寸（图5-9）。

⑤伸缩臂式叉车。伸缩臂式叉车是装有可伸缩的吊臂，其货叉或属具通常安装在吊臂上，能对货物进行吊装或叉装作业的叉车。该类型叉车的货叉可跨越障碍、穿越孔口等进行叉装作业，并能在复杂工况下进行多排货物的堆、拆垛作业。伸缩臂式叉车的前方视野良好，对通道净空高度的要求较低，通常也被划分为越野或叉车范围内（图5-10）。

图5-9　插腿式叉车

图5-10　伸缩臂式叉车

⑥托盘式叉车。托盘式叉车适用于重载及长时间货物转运工况，可大大提高货物搬运效率，降低劳动强度（图5-11）。

图5-11　托盘式叉车

⑦高位拣选式叉车。高位拣选式叉车是先进的拣选式电动叉车，对提高工作效率有显著效果，同时轴距的加长确保了安全性。这种叉车转弯半径小，适合狭小通道，可用于理货高空平台。

特点：驾驶室依据最先进的人机工程学设计，操作舒适性好，拣选效率高。悬浮式驾驶平台能确保拣选时平稳高效。不管在任何时候，门架压力反应器都可以保证提升和下降非常平稳，无窜动。高效的节能设计和能量再生系统可以使得每次电池充电后都有更好的表现。三套独立制动系统在任何工况下都能平衡有效地制动。双手控制模式和侧门保护可以确保司机的人身安全（图5-12）。

## 三、装卸搬运的作业流程

根据装卸搬运原则选择适合的装卸搬运方式，然后按照装卸搬运的方法进行相关的作业。

图5-12　高位拣选式叉车

### 1. 装卸搬运原则

物流活动中，组织装卸搬运工作，应遵循以下原则：

（1）有效作业原则。有效作业原则是指所进行的装卸搬运作业是必不可少的，尽量减少和避免不必要的装卸搬运，只做有用功，不做无用功。

（2）集中作业原则。集中作业原则包括搬运场地的集中和作业对象的集中。前者是在有条件的情况下，将作业量较小的分散的作业场地适当集中，合理组织作业流程，以利于装卸搬运设备的配置及使用，提高机械化作业水平和作业效率；后者是将分散的零星货物汇集成较大的集装单元，以提高作业效率。

（3）简化流程原则。简化装卸搬运作业流程包括两个方面：一是尽量实现作业流程在时间和空间上的连续性；二是尽量提高货物放置的活载程度。

（4）安全作业原则。装卸搬运作业流程中，不安全因素比较多，必须确保作业安全，尽量减少事故。作业安全包括人身安全、设备安全。

（5）系统优化原则。装卸搬运作业组织的出发点是实现装卸搬运的合理化，而其合理化的目标是系统的整体优化。要充分发挥系统中各要素的功能，从作业质量、效率、安全、经济等方面对装卸搬运系统进行评价。

### 2. 装卸搬运的作业方法

（1）使用航车、吊车、龙门天车吊装吊卸。

（2）人工装卸。

（3）叉车装卸。

## ➢ 任务实施

在河南豫鼎物流有限公司的一次实习中，有两批方便速食类食品需要紧急运往灾区，两批货物分别重达 2 吨，刘立庆和刘可分别负责一批货物的装卸搬运，即将货物从仓库搬运到运往灾区的车上。两人选择了两种不同的装卸方式：刘立庆选择人工搬运；而刘可选择叉车装卸。最后双方都完成了这项任务，刘可轻轻松松地用 15 分钟完成；而刘立庆满头大汗地花了一个半小时。下面以刘可为例，介绍叉车装卸的操作流程：

第一步：上车前自我检查（起动发动机和操纵叉车之前的注意事项）。

①通过理论学习，了解叉车的性能、结构特点及其注意事项，熟悉各操纵杆和仪表的位置和作用。

②按规定检查轮胎气压，清除镶嵌胎纹间的石子和杂物。

③检查水箱内的水是否加满，发动机油油面刻度，燃油箱内储油情况及各油管接头、水管接头有无渗漏现象。

④检查离合器踏板的自由行程是否正常。

⑤检查脚踏板工作是否正常。

⑥检查燃油供油管路是否有空气。若有空气，应按标准予以排除。

⑦检查电气系统有无接触不良、短路现象。

⑧检查大灯、小灯、后灯、制动灯、转向灯和喇叭是否工作正常。

⑨检查各紧固件有无松动现象。

第二步：起动发动机。

①将变速操纵杆置于中间（空挡）位置、手刹车处于制动状态，插入起动开关钥匙，按顺时针方向转至“预热”的位置，停留 5 秒钟，然后再转至“起动”位置，与此同时轻轻踏下油门踏板，并踏下离合器踏板，起动时间不得超过 10 秒钟，一经起动后应立即松手，钥匙自动复位，如果发动机一次起动不了，应隔 1~2 分钟后，再重新起动。

②当气温低于 5℃时，若起动困难，可使用预热系统，起动时将起动开关钥匙转至“预热”位置，停留 45~60 秒钟，然后再旋至“起动”位置，即可起动。如仍未起动，应间隔 2 分钟后，将开关退至“预热”位置，重复上述过程。

第三步：行驶前的检查和准备。

①发动机起动后应转 5 分钟左右，待发动机水温升到 50℃以上，机油温度升到 40℃以上时才可带负荷工作。

②空转时应检查各仪表（水温表、机油压力表、电流表、燃油表）的读数是否符合规定要求。如不符合，应立即停车检查，并进行排除。

③行驶前应对制动（手制动和脚制动）系统进行认真的检查，必须灵敏可靠，否则应进行调整。

叉车操作安全规范如图5-3所示。

图5-13　叉车操作安全规范

## ◎ 任务评价

同学们，这次任务完成的情况如何？让我们从三个方面对这次任务的质量做一个评价，并将具体评价结果填写在表5-1、表5-2中。

表5-1　任务执行情况评价表

| 自我评价（占20%） | | |
|---|---|---|
| **主要评价内容** | **分值** | **得分** |
| 是否掌握装卸搬运的相关概念 | 5 | |
| 能否对装卸搬运设备和叉车进行分类 | 5 | |
| 能否熟练操作各类叉车及运输车辆 | 10 | |
| 合计 | 20 | |
| 小组评价（占30%） | | |
| **主要评价内容** | **分值** | **得分** |
| 是否积极参与了小组的活动，并对小组任务完成做出了贡献 | 10 | |
| 是否遵守小组的纪律，并听从小组安排 | 10 | |
| 是否与小组同学合作默契 | 10 | |
| 合计 | 30 | |

续表

| 教师评价（占50%） | | | |
|---|---|---|---|
| 主要评价内容 | | 分值 | 得分 |
| 是否掌握装卸搬运的相关概念 | | 25 | |
| 能否熟练操作各类叉车及运输车辆等装卸搬运设备 | | 25 | |
| 合计 | | 30 | |
| 评语 | 教师签名：<br>年　月　日 | | |

表5-2　教师评语及其个人总结

| 项目 | | 内容 |
|---|---|---|
| 评语 | | 教师签名：<br>年　月　日 |
| 总结 | 学习收获 | |
| | 学习不足 | |
| | 如何改进 | |

## ◎ 拓展提升

### 内燃叉车的分类

内燃叉车又分为普通内燃叉车、重型叉车、集装箱叉车和侧面叉车。普通内燃叉车一般采用柴油、汽油、液化石油气或天然气发动机作为动力，其他几类叉车采用柴油发动机作为动力。

1. 重型叉车

重型叉车采用柴油发动机作为动力，承载能力为10~52吨，一般用于货物较重的码头、钢铁等行业的户外作业。

2. 侧面叉车

侧面叉车采用柴油发动机作为动力，承载能力为3~6吨。在不转弯的情况下，具有直接从侧面叉取货物的能力，因此主要用来叉取长条形的货物，如木条、钢筋等。

3. 集装箱叉车

集装箱叉车采用柴油发动机作为动力，承载能力为 8 ~ 45 吨，一般分为空箱堆高机、重箱堆高机和集装箱正面吊。主要应用于集装箱搬运，如集装箱堆场或港口码头作业。

4. 普通内燃叉车

普能内燃叉车一般采用柴油、汽油、液化石油气或天然气发动机作为动力，载荷能力为 1.2 ~ 8 吨，作业通道宽度一般为 3.5 ~ 5 米，考虑到尾气排放和噪声问题，通常用在室外、车间或其他对尾气排放和噪声没有特殊要求的场所。由于燃料补充方便，因此可实现长时间的连续作业，而且能胜任在恶劣的环境下（如雨天）工作。

## ◎ 豁然开朗

通过对物流装卸搬运知识的学习，刘立庆明白了装卸搬运不只是下苦力的重活，更是一门科学的知识和技能，包含很多科学技术内容。在与刘可交流和亲自实践后，刘立庆立志要将装卸搬运技能学到手，对自己有了更高的要求和定位。

# 任务二　装卸搬运的合理化

## ➢ 任务情景

通过用心搜集材料和共同学习，刘可、刘立庆对装卸搬运工作的技术性和复杂性有了初步的认识，也看到了那些复杂的装卸搬运中存在的问题，如安全、成本等问题。那么，怎么样才能进行合理的装卸搬运呢？让我们一起来探究装卸搬运的合理化吧。

## ◎ ➢ 任务目标

1. 掌握装卸搬运的合理化概念
2. 能熟练结合装卸搬运的合理化原则进行叉车操作

## ➢ 知识准备

装卸搬运合理化是指以尽可能少的人力和物力消耗，高质量、高效率地完成仓库的装卸搬运任务，保证供应任务的完成。装卸搬运合理化必须做到以下几点。

### 一、防止无效装卸

无效装卸是指消耗在有用货物必要装卸劳动之外的多余装卸劳动。具体反映在：过多的装卸次数，过大的装卸包装，无效物质的包装。为了有效地防止和消除无效作业，可从以下几个方面入手：

（1）尽量减少装卸次数。

（2）包装要适宜。

（3）提高被装卸物资的纯度。

（4）充分利用重力和消除重力影响，进行少消耗的装卸。

## 二、充分利用机械，实现规模装卸

主要表现在一次装卸量或连续装卸量要达到充分发挥机械最优效率的水准。为了更多地降低单位装卸工作量的成本，对装卸机械来讲，也有规模要求，装卸机械的能力必须要达到一定规模，才会有最优效果。追求规模效益的方法，主要是通过各种集装实现间断装卸时一次操作的最合理装卸量，才能使单位装卸成本降低，从而通过散装实现连续装卸的规模效益。

## 三、提高物的装卸搬运活性

装卸搬运活性是指从物的静止状态转变为装卸搬运运动状态的难易程度。如果很容易转变为下一步的装卸搬运而无须过多做装卸搬运前的准备工作，则活性就高；如果难以转变为下一步的装卸搬运，则活性就低（5–14）。

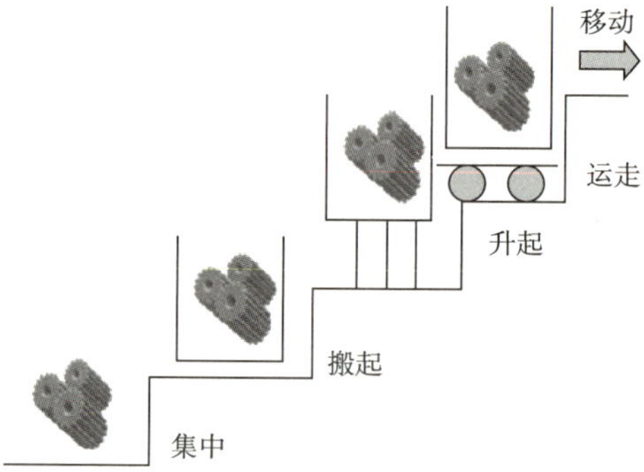


图5–14　搬运活性状态示意图

## 四、提高物的运输活性

提高物的运输活性——与运输的衔接性，其搬运作业活性分析如图 5–15 所示。搬运活性指数的确定：考虑提高某些作业的活性系数，如活性系数为 0 的散放，通过放入容器中（活性系数为 1）或码放在托盘上（活性系数为 2），来提升搬运活性，提高工作效率。平均活性系数=活性系数总和 / 作业工序数。

## 五、提高机械化水平

机械化不但能够完成人力所难以完成的超大、超重货物的装卸搬运作业，将人从繁重的体力劳动中解放出来，而且能够大幅度提高物流装卸搬运的效率。尤其对于危险品的装卸搬运而言，机械化能够保证人和货物的安全。

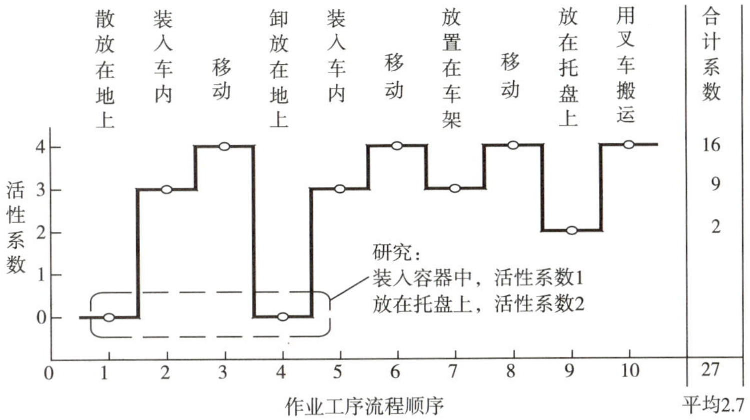


图5-15　搬运作业活性分析图

## 六、各环节均衡协调

各环节均衡协调是指将各个装卸搬运活动作为一个有机的整体，实施系统化管理的原则。也就是说，运用综合系统化的观点，提高装卸搬运活动之间的协调性和装卸搬运系统的柔性，以适应多样化、高度化的搬运需求，从而提高装卸搬运效率。

## 七、利用重力

利用重力是指借助货物本身的重力实现货物的移动。常用的方法是将物品放到有一定倾斜度的滑辊、货架以及滑槽上，在物品本身重力的作用下产生移动。

## ➢ 任务实施

### 装卸搬运操作安全作业

在实习中，有一批货物要送到超市门店，刘立庆和刘可分别负责一批货物的装卸搬运。两人选择了两种不同的装卸方式：刘立庆选择人工搬运，而刘可选择使用工具装卸。不管采取哪种运输方式，必须确保安全完成任务。下面列举的是操作过程中的一些安全注意事项。

1. 目的

（1）装卸操作是人员搬运物品的过程，这个过程中可能因各种因素造成对装卸人员的人身伤害。

(2) 为确保装卸人员的安全，装卸作业的全过程都必须严格遵守操作规范，从用电安全、登高作业、作业环境等各种因素实施控制，提升装卸人员的操作技能和安全意识。

2. 工具使用

(1) 使用叉车搬运货物。驾驶叉车者必须做到持证上岗，并在每天出车前对车辆进行例行检查，不带“病”出车。驾驶叉车过程中不能搭乘其他人员，也不能作为升降装置提升人员。

(2) 用手推车搬运货物。手推车上的货物要堆放平稳，并选择平坦的路面推（拉）车。

(3) 绳索使用。使用绳索的直径要与承重的货物相匹配。在使用前还要检查绳索是否有断丝或严重的磨损，以免影响安全使用。

3. 人工搬运

(1) 错误的抬举和运送货物的方法容易引起背部损伤、椎间盘损伤和韧带损伤等；搬运货物时要保持良好的视线；如果参与搬运的人员超过2名，则应由1人负责协助指挥，统一行动。

(2) 正确的抬物方法。用腿部肌肉抬起重物，而不是用背部，因为腿部肌肉比背部肌肉结实，要用腿来抬高物品直到腿已经站直。避免急抬的动作，不要弯曲脊椎，将货物靠近自己的身体，平稳上移和前移。转身时，通过旋转脚来移动脚，而不是用腰部转弯。

4. 货物堆放

(1) 堆放货物时，要实行定制管理分区域放置，而且要整齐、稳妥，不得堆放过高，以防伤人，并且要保持工作位置和通道的畅通。严禁堵塞电器开关、消防通道和灭火器材。

(2) 在通道上作业时，要注意来往的车辆。

5. 用电安全

装卸作业场所要有必要的照明，在光线较差的工作环境中工作可采取局部照明来补充。例如，在厢式货车上装卸货物，可采用行灯照明，但必须使用小于24伏特的安全电压。严禁使用220伏特或以上的交流电压。

6. 个人劳动防护用品

装载人员在搬运货物的过程中容易受到人身伤害，因此应做好个人的防护。在搬运货物时要戴好手套；人力搬运重物时要佩戴护腰带；粉尘较大时应戴防尘口罩。

## ◎ 任务评价

同学们，这次任务完成的情况如何？让我们从三个方面对这次任务的质量做一个评价，并将具体评价结果填写在表5-3、表5-4中。

表 5–3　任务执行情况评价表

| 自我评价（占 20%） | | |
|---|---|---|
| **主要评价内容** | **分值** | **得分** |
| 是否掌握装卸搬运的合理化概念 | 5 | |
| 是否掌握安全搬运的技巧 | 5 | |
| 能否熟练结合装卸搬运的合理化原则进行叉车操作 | 10 | |
| 合计 | 20 | |
| 小组评价（占 30%） | | |
| **主要评价内容** | **分值** | **得分** |
| 是否积极参与了小组的活动，并对小组任务完成做出了贡献 | 10 | |
| 是否遵守小组的纪律，并听从小组安排 | 10 | |
| 是否与小组同学合作默契 | 10 | |
| 合计 | 30 | |
| 教师评价（占 50%） | | |
| **主要评价内容** | **分值** | **得分** |
| 是否掌握装卸搬运的合理化概念 | 25 | |
| 能否熟练结合装卸搬运的合理化原则进行叉车操作 | 25 | |
| 合计 | 50 | |
| 评语 | 教师签名：<br>年　　月　　日 | |

表 5–4　教师评语及其个人总结

| 项目 | | 内容 |
|---|---|---|
| 评语 | | 教师签名：<br>年　　月　　日 |
| 总结 | 学习收获 | |
| | 学习不足 | |
| | 如何改进 | |

## ◎ 拓展提升

### 货物移动距离最小化的设计原则

在装卸时考虑重力因素，可以利用货物本身的重量，进行有一定落差的装卸，以减少或不消耗装卸的动力，这是合理化装卸的重要方式。例如，使用溜槽、溜板之类的简单工具，可以依靠货物本身的重量，无须消耗动力，从高处自动滑到低处，使距离（或时间）最小化。

搬运距离的长短与搬运作业量大小和作业效率密切相关。在货位布局、车辆停放位置、出入库作业程序等设计上应该充分考虑货物移动距离的长短，以货物移动距离最小化为设计原则。

## ◎ 豁然开朗

通过对搬运知识的学习和实践的操作，刘立庆和刘可认识到合理化搬运的重要性，合理化的操作可以减少安全事故的发生。在今后的工作中，不管是人力搬运还是借助于工具，都要严格按照规范和操作程序进行合理化操作，顺利安全地完成工作任务。

## ◎ 应用训练

### 到河南豫鼎物流有限公司进行装卸搬运实训

实训目的：通过实训，加深对装卸搬运理论知识的掌握，提高装卸搬运的操作技能。

实训内容：该公司装卸搬运作业的基本动作包括装车、卸车、堆垛、入库、出库以及连接上述各项动作的短程输送。

实训要求：参与学生以分组的形式，在教师的指导下，分工协作进行材料收集与准备，最终现场进行装卸搬运比赛。

## ◎ 学后测评

**一、判断题**

1. 严格地讲，装卸和搬运是两个相同概念的组合。（　）

2. 生产过程中的装卸搬运通常称为货物装卸，流通过程中的装卸搬运多称为物料搬运。（　）

3. 重力法是采用各种机械和专门的工作机构，通过舀、抓、铲等作业方式进行装卸货物的方法。（　）

4. 物料既是装卸搬运的对象，也是影响装卸搬运设备和方法选择的间接因素。（　）

5. 配送中心装卸搬运设施布置应以系统管理为指导思想，把装卸搬运系统作为整个物流系统的一个子系统，所以其设施布置应具有系统的观点。（　　）

**二、不定项选择题**

1. 在同一区域范围内，以改变商品的存放状态和空间位置为主要内容和目的的活动称为（　　）。

A. 运输　　B. 仓储　　C. 物流　　D. 装卸搬运

2. 以下对装卸、搬运作业的特点描述不正确的是（　　）。

A. 对象复杂　　B. 作业量小　　C. 作业不均衡　　D. 安全性要求高

3. 将商品置于集装单元器具内时，其装卸活性有所提高，被定为（　　）。

A. 1级活性　　B. 2级活性　　C. 3级活性　　D. 4级活性

4. 目前装卸搬运作业的主流，以各种装卸搬运机械完成商品装卸搬运的作业方法是（　　）。

A. 人工作业法　　B. 集装作业法

C. 机械化作业法　　D. 综合机械化作业法

5. 以叉车完成的装卸搬运作业，根据叉车自身作业特点的不同，应属于（　　）。

A.间歇式作业法　　B.连续式作业法

C.集装作业法　　D.机械化作业法

6. 电视机等易碎、贵重的成件包装商品，可使用（　　）进行装卸搬运。

A.小型叉车　　B.大型叉车　　C.轮胎式起重机　　D.轨道式起重机

7. 与其他环节相比，（　　）具有伴随性的特点。

A.运输　　B.仓储　　C.配送　　D.装卸搬运

8.（　　）是利用货物的位能来完成装卸作业的方法。其装车设备有筒仓、溜槽、隧道等；卸车主要用底门开车或漏斗车在缆线或卸车坑道自动开启车门，货物依靠重力自行流出的卸货方法。

A.功能法　　B.重力法　　C.倾翻法　　D.机械法

9. 配送中心实施配送活动时，绝大部分的时间被耗用在商品的装卸搬运上，其商品的装卸搬运费用占整个经营费用的（　　）。

A.10%~20%　　B.20%~30%　　C.30%~40%　　D.40%~50%

10.在装卸搬运作业中，装货、移动、卸货这三种作业在多数情况下是以一个整体形式出现的，装和卸次数之和与移动次数是（　　）的关系。

A.1∶1　　B.2∶1　　C.3∶1　　D.4∶1

**三、简答题**

1. 如何做到搬运合理化？搬运有哪些方式？需要注意什么问题？

2. 简述托盘的概念及其优点。

3. 叉车与其他装卸搬运工具相比，其优点主要体现在哪些方面?

## 四、案例分析

云南双鹤医药有限公司是北京双鹤这艘医药航母部署在西南战区的一艘战舰，是一个以市场为核心、现代医药科技为先导、金融支持为框架的新型公司，是西南地区经营药品品种较多、较全的医药专业公司。

虽然云南双鹤已经形成规模化的产品生产和网络化的市场销售，但其流通过程中物流管理严重滞后，造成物流成本居高不下，不能形成价格优势。这严重阻碍了物流服务的开拓与发展，成为公司业务发展的“瓶颈”。

装卸搬运活动是衔接物流各环节活动正常进行的关键，而云南双鹤恰好忽视了这一点，由于搬运设备的现代化程度低，只有几个小型货架和手推车，大多数作业仍处于人工作业为主的原始状态，工作效率低，且易损坏物品。另外，仓库设计不合理，造成长距离搬运，并且库内作业流程混乱，形成重复搬运，大约有 70%的无效搬运，这种过多的搬运次数，既损坏了商品，也浪费了时间。

案例思考：

1. 分析装卸搬运环节对企业发展的作用。

2. 针对医药企业的特点，请对云南双鹤搬运系统的改造提出建议和方法。

# ◯项目六 探寻电子商务下的物流包装

## ◎ 知识目标

1. 掌握包装的概念、功能
2. 了解常见的包装材料
3. 掌握包装设备的作用

## ◎ 能力目标

1. 能根据货物包装和运输需要，合理选择包装材料和容器
2. 能运用科学合理的包装技法，合理运用包装，降低成本，减少环境污染
3. 能依据包装标准，掌握包装机械的使用及管理技能

## ◎ 素养目标

1. 能够不断学习包装作业和管理的新知识、新方法
2. 具有强烈的责任心和团队合作的意识
3. 具有创新创业意识，能够理论联系实际，学以致用
4. 具有节约、环保以及法律意识

## ◎ 导入案例

### 食品包装的“绿色”风潮

从 2022 年 8 月 1 日起，雪碧将其使用了六十多年的标志性的绿色包装转变为透明色。雪碧实施这一举措是因为使用透明瓶可以减少塑料垃圾。同时，在回收之后，透明的PET雪碧瓶可以重新制成瓶子，有助于推动塑料的循环经济。

以环保之名对产品包装下手的，不只是雪碧。在 2022 年的饮料圈，“NO LABLE”活动已经一波接着一波，瓶装饮料纷纷开始撕掉标签了。

随着雪碧、康师傅尝试“撕标签”，越来越多的食品品牌纷纷以不同的方式助力环保：百事公司宣布推出国内首款“无瓶标”百事可乐；伊利金典宣布推出无印刷无油墨新包装；达能脉动“智慧碳”概念瓶首次亮相；而东鹏特饮经典瓶装则“撕掉”实物标签，以电子标签取而代之。

在低碳环保之路上，食品行业在逐步“撕去”标签，改变形态，采用纸质或其他包装材质代替塑料；还有品牌正尝试通过变废为宝、原材料回收再利用、使用植物基等方式，实现包装环保。

**问题：**

1. 为什么食品包装开始纷纷“撕标签”？
2. 联系实际，谈谈什么是绿色包装并举例说明。

## 任务一 认识包装材料与容器

### ➢ 任务情景

刘可在网上看中一台烤箱，他拍下后卖家提示他是要快递配送还是物流木架运输。选择前者，便宜且送货上门；而选择后者，得加钱送到离他家最近的物流点再转成小拖车送货上门。刘可真不知道如何选择，他正在纠结时，李强告诉他要选后者，虽然贵点麻烦点，但是木架箱子作为运输中的包装容器对这种电器的保护性能更好。我们在日常生活中到底应该如何选择包装容器呢？让我们一起来了解一下各种常见的包装容器和它们的特性吧！

### ◎ ➢ 任务目标

1. 掌握包装的概念、功能
2. 能列举包装常见的容器

### ➢ 知识准备

#### 一、包装的概念

包装既是生产活动的终点，也是物流活动的起点。所谓包装就是为了维持产品状态、方便储运、促进销售，采用适当的材料、容器等，使用一定的技术方法，对物品包封并予以适当的装潢和标志的操作活动。

#### 二、包装的功能

##### 1. 保护功能

保护功能是包装最基本的功能。一件商品，要经过多次流通，才能最终到消费者手中，这期间要经历诸如运输、装卸、储存、销售等环节，在这一过程中不可避免地要受到各种外界因素的影响，引起产品损坏、变质等情况发生。所以，我们需要使用科学合理的包装来保护产品。

### 2. 方便功能

商品包装的方便功能，就是方便商品的流通、运输、装卸、储存等。一方面，将产品进行外包装，并在包装外印上各种信息，不仅有利于产品的调配、清点计数，也有利于合理利用各种运输工具和存储，提高装卸、运输、堆码效率和储存效果。另一方面，销售包装不但便于消费者使用、携带和保存，而且包装上的商标、绘图和文字说明既能方便消费者辨认，又能介绍产品的性质、成分和用途。

### 3. 销售功能

设计精美的产品包装，可起到宣传产品、美化产品和促进销售的作用，这就是包装的销售功能。“买椟还珠”的故事就说明了这个道理。好的包装能以其新颖独特的艺术魅力吸引顾客、指导顾客，促进消费者购买产品，是产品的无声推销员。

### 4. 增值功能

融入艺术性、知识性、趣味性和时代感的包装让消费者在拥有商品的同时感到内心愉悦、身份得到了提高，能间接地提升商品附加值，这就是包装的增值功能。好的商品包装能激发购买者的社会性需求，是企业营销的重要手段之一。

## 三、常见的包装材料

包装材料是用来制作包装容器的。常见的包装材料有以下几种。

### 1. 纸质包装材料

纸质包装材料是最常见的包装材料，其具有产量大、价格低、易于回收、不易污染等优点。按其特点主要可以分为具有保护功能的纸质材料和用于装潢的纸质材料。具有保护功能的纸质材料有坚固耐用的牛皮纸、瓦楞纸、硫酸纸等；用于装潢的纸质材料主要有白板纸、铜版纸等。

### 2. 塑料包装材料

塑料包装材料具有透明度好、防水防潮性能好等优点，可以保证包装物的卫生及完整性。但同时，塑料包装材料容易带静电、透气性能差，并且回收成本高、废弃物处理困难，容易造成环境污染。目前经常使用的塑料包装材料有PP打包带、PET打包带、撕裂膜、缠绕膜、封箱胶带、热收缩膜、塑料膜等。

### 3. 木材包装材料

木材包装材料主要是大型和重型商品运输包装的重要材料，其具有质量轻、强度高，有一定弹性，耐冲击、耐压力，并有良好的加工性能。不过，木材包装材料也有易潮、易腐、易燃、易受虫蛀等缺点。常见的木材包装有木箱、木匣、木夹板、纤维板箱、胶合板箱以及木质托盘等。

### 4. 金属包装材料

金属包装材料通常有黑铁皮、白铁皮等钢材与钢板，以及马口铁铝箔、泡罩铝、PTP铝箔、铝板等。其具有强度高，便于储存、携带、运输，以及良好的阻气性、防潮性等优点，适用于食品、饮料、药品、化学品等的包装。不过，金属包装材料易生锈，化学特性不稳定，少量金属材料甚至会影响食物品质。

### 5. 玻璃包装材料

在日常生活中，食品包装广泛采用的是玻璃包装材料，这是因为玻璃包装材料具有透明、洁净、美观的特点，可以保证食物纯度和卫生。另外，玻璃包装材料还具有不透气、易于密封、造型灵活、可以反复回收利用等优点。不过，玻璃包装材料最大的问题是不耐冲击、易碎。

### 6. 复合包装材料

复合包装材料是两种或两种以上材料，经过一次或多次复合工艺而组合在一起，其性能基本上是各种复合在一起的材料的性能总和。复合包装材料主要有镀铝膜、铁芯线、铝箔复合膜、真空镀铝纸、复合膜、复合纸等。

### 7. 其他包装材料

其他常见的包装材料有陶瓷包装材料、布类包装材料、电化铝烫金纸、烫金膜、烫印膜、色箔等。

## 四、常见的包装容器

包装材料与包装容器两者密不可分，包装材料的性质决定了包装容器的形态。在了解了常见的包装材料后，让我们一起来认识一下常见的包装容器吧！

### 1. 包装袋

包装袋是指用于包装各种用品的袋子，使货物在生产流通过程中方便运输，容易存储。包装袋广泛应用于运输包装、贸易包装、内装和外装。其材料主要有聚丙烯、聚乙烯，一般有较高的韧性、抗拉强度和耐磨性。下面我们就介绍物流中常用的几种包装袋：

（1）集装袋（图 6-1）。集装袋又称柔性集装袋、吨装袋、太空袋等，是集装单元器具的一种，一般载重 1000 千克以上。一些集装袋的顶部装有金属吊架或吊环，配以起重机或叉车，就可以实现集装单元化运输。集装袋是一种柔性运输包装容器，它特别适用于装运大宗散状粉粒状物料，广泛应用于食品、粮谷、医药、化工、矿产品等粉状、颗粒、块状物品的运输包装。

图6–1　集装袋

（2）一般运输包装袋（图 6–2）。这类包装袋的盛装重量是 0.5~100 千克，大部分是由植物纤维或合成树脂纤维纺织而成的织物袋，或者由几层挠性材料构成的多层材料包装袋。例如，麻袋、草袋、水泥袋等。主要包装粉状、粒状和个体小的货物。

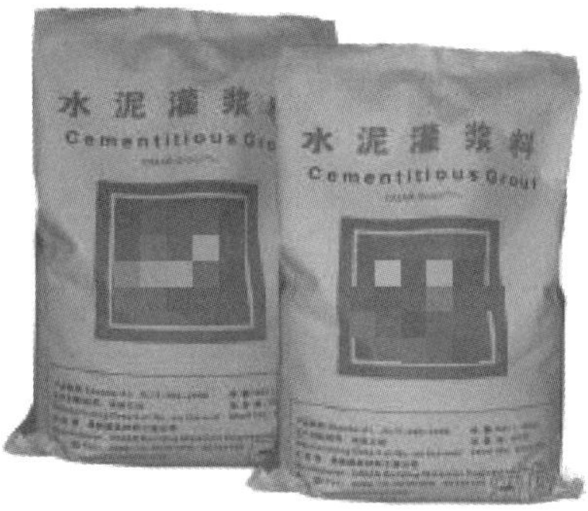


图6–2　一般运输包装袋

（3）小型包装袋（图 6–3）。小型包装袋就是我们俗称的包装袋。这类包装袋盛装重量较小，通常用单层材料或双层材料制成。对于某些具有特殊要求的包装袋，也有用多层不同的材料复合而成。其包装范围较广，液状、粉状、块状和异形物等都可以采用这种包装。

图6–3　小型包装袋

上述几种包装袋中，集装袋适用于大容积的运输包装；一般运输包装袋适用于外包装及运输包装；小型包装袋适用于内装和贸易包装。

### 2. 包装盒

包装盒是介于刚性包装和柔性包装二者之间的包装工艺，如图 6-4 所示。其按材料可分为木盒、纸盒、布盒、皮盒、铁盒、亚克力盒、PVC盒等，现在演变成有木、纸及其他材料混合在一起生产的。这些材料有一定的挠性，不轻易变形，有较高的抗压强度，刚性高于袋装材料。一般来说，包装盒整体强度不大，包装量也不大，不适合做运输包装，适合做块状及各种异形物品的商业包装或内包装。

图6-4　各种包装盒

### 3. 包装箱

包装箱通常采用的是刚性包装工艺，其为刚性或半刚性材料，具有较高强度且不易变形。包装结构和包装盒相似，只是容积、外形都大于包装盒，两者通常以 10 升为分界。包装箱整体强度较高，抗变形能力强，包装量也较大，适合做运输包装、外包装，包装范围较广，主要用于固体杂货包装。主要包装箱有以下几种：

（1）瓦楞纸箱（图 6-5）。瓦楞纸箱是用瓦楞纸板制成的箱形容器，是一种应用最广的包装制品。按瓦楞纸箱的外形结构，可分为折叠式瓦楞纸箱、固定式瓦楞纸箱和异形瓦楞纸箱三种。按组成瓦楞纸箱体的材料，可分为瓦楞纸箱和钙塑瓦楞箱。

图6-5　瓦楞纸箱

（2）木箱（图 6–6）。木箱也是流通领域常用的一种包装容器，用量仅次于瓦楞纸箱。其主要有木板箱、框板箱、框架箱三种。

图6–6　各种木箱

①木板箱。木板箱主要用于小型运输包装容器，能装载多种性质不同的物品。木板箱有较大的耐压强度，能承受较大负荷，建造便利，作为运输包装容器可以抗拒碰裂、溃散、戳穿的性能。但木板箱的箱体较重，体积也较大，并且没有防水性。

②框板箱。框板箱是先由条木与人造板材制成箱框板，再经钉合拆卸而成。

③框架箱。框架箱是由一定截面的条木构成箱体的骨架，根据需要也可在骨架外面加木板覆盖。框架箱由于有坚固的骨架结构，因此具有较好的抗震和抗扭力，有较大的耐压能力，而且其装载量大。

（3）塑料箱。塑料箱选用具有高冲击强度的HDPE（低压高密度聚乙烯）和PP（聚丙烯）为原料注塑而成，如图 6–7 所示。其优点是自重轻、耐蚀性好、可装载多种商品，能反复利用，可制成多种色彩用以对装载物进行分类。

图6–7　塑料箱

（4）集装箱（图 6–8）。集装箱是由钢材或铝材制成的大容积物流装运设备。从包装角度看，它既属于一种大型包装箱，也属于可多次周转型包装。

图6-8　集装箱

### 4. 包装瓶

包装瓶是包装行业中包装容器的一种类型，属于刚性包装，如图 6-9 所示。一般包装瓶容量由 100 毫升至数升不等。包装瓶子多数由陶瓷、玻璃、塑料或金属等不容易渗漏的物料制造。

图6-9　各种包装瓶

### 5. 包装罐（筒）

包装罐（筒）是指罐身各处横截面形状大致相同，罐颈短，罐颈内径比罐身内径稍小或无罐颈的一种包装容器，是刚性包装的一种。包装材料强度较高，罐体抗变形能力强。包装操作是先进行装填操作，然后将罐口封闭，可做运输包装、外包装，也可做商业包装、内包装用。

包装罐（筒）主要有三种：

（1）小型包装罐（图 6-10）。这是典型的罐体，可用金属材料或非金属材料制造，容量不大，一般是做销售包装、内包装，罐体可采用各种方式装饰美化。

（2）中型包装罐（图 6-11）。外形也是典型罐体，容量较大，一般做化工原材料、土特产的外包装，起到运输包装的作用。

图6–10　小型包装罐

图6–11　中型包装罐

（3）集装罐（图 6–12）。这是一种大型罐体，外形有圆柱形、圆球形、椭球形等，其罐体大而罐颈小，采取灌填式作业，灌进作业和排出作业往往不在同一罐口进行，另外设有卸货出口。集装罐是典型的运输包装，适合包装液状、粉状及颗粒状货物。

图6–12　集装罐

## 五、特殊物品的包装

有一些特殊物品，在运输过程中稍加不注意就会受到损坏或变形，所以我们必须学习一些特殊物品的包装技巧。

1. 液体产品的包装

液体产品具有流动性强、易渗漏的特点。对于这类产品，我们通常会使用透明胶带、塑料袋等包装材料，在包装时一定要封好割口处，可以用透明胶带使劲绕上几圈，并加垫一些棉花，以防止其渗漏。同时，为了不污染外包装，可以在最后再包一层塑料袋。

2. 贵重精密电子产品的包装

贵重精密电子产品包括手机、冰箱、电脑、空调等，这类产品最怕受到震动从而损坏其电子元件。因此，对于这类产品，我们不仅需要五层瓦楞纸箱包装，还需要在商品的周围用泡沫包装保护商品，起到减震功效。

3. 化学药品的包装

化学药品常常怕光照影响其化学特性。所以对于化学药品，我们通常会采用棕色等深色包装进行避光。同时，为了保证化学药品的化学稳定性，我们一般使用塑料瓶或玻璃瓶等具有稳定化学特性的容器进行包装。

4. 易碎、易变形的产品包装

易碎、易变形的产品主要有瓷器、玻璃饰品、茶具等。对于这类产品，包装时要在其周围多用报纸、泡沫塑料、海绵、泡沫网等重量轻的东西进行充分填充，这样就可以缓和撞击。同时，外包装要用三层或五层瓦楞纸箱来抗冲击。

5. 易腐烂的生鲜产品的包装

生鲜产品包装的首要任务是保持这类产品的外观、硬度、口感及风味，以防止其腐烂变质。生鲜产品的包装最为复杂，一般采用真空包装、低温包装、气调包装等，以达到保持产品原味、新鲜度，延长保质期限的目的。

## ◎ 拓展提升

### 如何进行合理包装

合理包装就是在包装过程中使用适当的材料和适当的技术，制成与物品相适应的容器，节约包装费用，以此降低包装成本。不仅如此，合理的包装还要在降低包装费用和成本的同时，既能满足包装保护商品、方便储运、有利销售的要求，又能提高包装的经济效益。包装合理化三要素主要包括：防止包装不足、防止包装过剩和用科学的方法确定最优包装。

## ➢ 任务实施

刘可从网上买了家里的客厅水晶灯，向李强请教这些易碎物品如何包装。在现实生活中，我们有很多产品都是易碎品，如何对这些易碎品进行合理包装以保证物品的安全与完整呢？我们一起来学几招吧！

第一步：特别的封箱。

对于易碎品，建议用硬纸板将包装里面的六个面都间隔好，保证商品在封箱里面不晃动为最佳，商品外封箱用胶带粘好，再用封箱带以十字交叉的方法将封箱拉紧，两次加固封箱完成。

第二步：外加一层保护箱。

外包装箱应选择比较坚硬厚实的，尺寸要比需邮寄的商品稍大，长宽高各放大6厘米左右，以便使用填充物。

第三步：选择合适的填充物。

填充物最好选用泡沫塑料、小气垫圈，其优点是易填充、分量轻、有弹性、缓冲性好，对物品起到了很好的保护作用。

第四步：正确的装箱储运。

物品置于外包装箱正中间的位置，六面均匀地用泡沫塑料塞紧，封箱带封好，用力摇一摇，商品不动为最佳。

## ◎ 任务评价

同学们，这次任务完成的情况如何？让我们从三个方面对这次任务的质量做一个评价，并将具体评价结果填写在表6–1、表6–2中。

表6–1　任务执行情况评价表

| 自我评价（占20%） | | |
|---|---|---|
| **主要评价内容** | **分值** | **得分** |
| 是否掌握所学的理论知识 | 5 | |
| 能否能根据所学知识，对案例进行分析和思考 | 5 | |
| 能否在实践中依据物品特性选择合适的包装材料进行包装 | 10 | |
| 合计 | 20 | |
| 小组评价（占30%） | | |
| **主要评价内容** | **分值** | **得分** |
| 是否积极参与了小组的活动，并对小组任务完成做出了贡献 | 10 | |
| 是否遵守小组的纪律，并听从小组安排 | 10 | |
| 是否与小组同学合作默契 | 10 | |
| 合计 | 30 | |

续表

| 教师评价（占50%） | | |
|---|---|---|
| 主要评价内容 | 分值 | 得分 |
| 是否掌握了所学的基本知识 | 25 | |
| 能否按照老师的要求，进行独立思考和分析，并进行总结 | 25 | |
| 合计 | 50 | |
| 评语 | 教师签名：<br>年　月　日 | |

**表6-2　教师评语及其个人总结**

| 项目 | | 内容 |
|---|---|---|
| 评语 | | 教师签名：<br>年　月　日 |
| 总结 | 学习收获 | |
| | 学习不足 | |
| | 如何改进 | |

## ◎ 豁然开朗

在了解了各种包装容器和它们各自的特性后，刘可发现原来包装也是一门学问，包装不仅有美观的功能，更重要的是保护商品、方便运输和促进销售的功能。同时，他对如何选择合适的包装容器进行合理的包装也有了清晰的认识。

# 任务二　认识包装设备

## ➤ 任务情景

刘可要去物流公司实习了，可是有一件事情一直让他很苦恼。刘可对于物流的基本知识已经烂熟于胸，基本物流设备也有所了解，但他还没见识过那些大型的包装设备。刘立庆知道刘可的苦恼后决定帮他，于是将刘可带到一些生产企业里参观，并对刘可“傻傻分不清”的那些设备逐一地进行讲解。让我们一起跟随刘可和刘立庆去认识那些包装设备吧！

## ◎ ➤ 任务目标

1. 掌握包装设备的作用
2. 能描述几种典型的包装设备

## ➤ 知识准备

### 一、包装设备

包装设备是指能完成全部或部分产品和商品包装过程的设备。包装过程包括充填、裹包、封口等主要工序，以及与其相关的前后工序，如清洗、堆码和拆卸等。

### 二、包装设备的作用

#### 1. 提高生产效率

用机械包装代替手工包装能大大提高生产效率。例如，糖果包装，手工包糖一分钟只能包十几块，而糖果包装机每分钟可包数百块甚至上千块，提高效率数十倍。

#### 2. 能有效保证包装质量

利用包装设备可以按照需要的形态、大小，得到规格一致的包装物，而手工包装是无法保证的。这一点对于出口商品尤为重要，出口包装对规范化、标准化的包装要求更高。

#### 3. 降低包装成本

很多原材料如棉花、丝、麻等体积较大，使用包装设备可以大大压缩其体积，不仅节省了包装成本，还节省了仓储成本。

#### 4. 改善劳动条件

使用包装设备大大解放了人力，降低了劳动强度。同时，有些物品会在包装过程中产生危害人体健康的粉尘和有毒物质，用包装机械代替人力，可以更好地保障人员安全与健康。

#### 5. 保证产品卫生

诸如药品、食品等产品利用机械包装，可以避免人手直接接触，从而保证了产品的卫生质量。

## 三、常见的包装设备

下面让我们一起来认识几种典型的包装设备。

### 1. 充填机

充填机是将精确数量的包装品装入各种容器内的包装机，如图 6–13 所示。充填机的运用范围很广泛，主要运用在可乐、啤酒等液体产品及小颗粒产品的灌装上。其主要种类如下：

（1）容积式充填机，包括量杯式、插管式、柱塞式、料位式、螺杆式、定时式充填机。

（2）称重式充填机，包括间歇称重式、连续称重式、称重–离心等分式等充填机。

（3）计数式充填机，包括单件计数式、多件计数式充填机。

图6–13　充填机

### 2. 封口机

封口机是将充填有包装物的容器进行封口的机械，如图 6–14 所示。其主要种类如下：

（1）无封口材料封口机，包括热压式、冷压式、熔焊式、插合式、折叠式等封口机。

（2）有封口材料封口机，包括旋合式、滚纹式、卷边式、压合式等封口机。

（3）有辅助封口材料封口机，包括胶带式、钉合式、结扎式、缝合式等封口机。

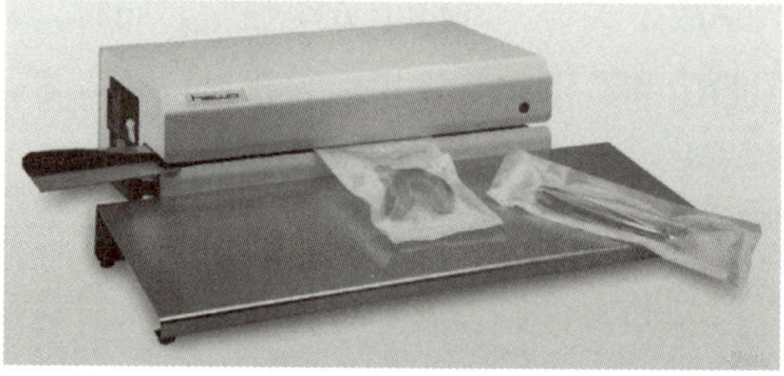

图6–14　封口机

### 3. 裹包机

裹包机一般是指缠绕包装机，是用柔性的包装材料，全部或部分地将包装物裹包起来的包装机，如图6–15所示。其主要种类如下：

（1）全裹式裹包机，包括扭结式、覆盖式、贴体式、接缝式等裹包机。

（2）半裹式裹包机，包括折叠式、收缩式、拉伸式、缠绕式等裹包机。

图6–15　裹包机

### 4. 打包机

打包机又称捆包机、打带机或捆扎机，如图 6–16 所示，是使用捆扎带捆扎产品或包装件，然后收紧并将两端通过发热烫头热熔黏接方式结合。打包机的功能是加固包装物品，使物品在搬运过程中、贮存中不因捆扎不牢而散落，同时能保持整齐美观。打包机按其性能主要分为如下几类：

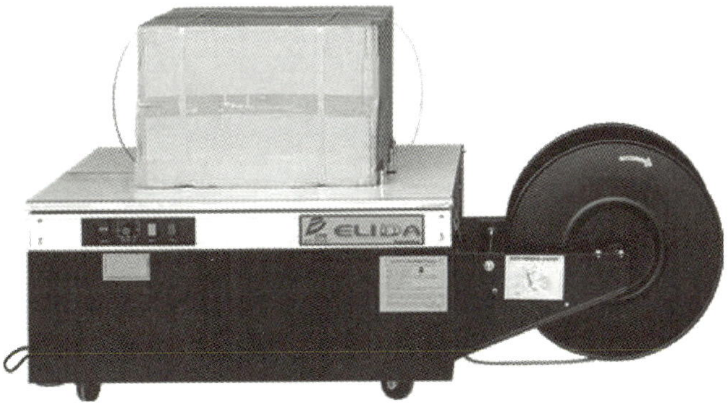


图6–16　打包机

（1）手动打包机。手动打包机是进行手动操作，主要适用于纸箱、纸张、包裹信函、轻工业品、五金工具、陶瓷制品、汽车配件、日化用品等各种大小货物的打包捆扎，一般量较小。

（2）半自动打包机。半自动打包机适用范围与手动打包机一致，只不过其可以实现自动打包，但台面无动力，需要人工推一下，包装物品才能通过打包机。

（3）全自动打包机。全自动打包机适合常规物体捆包、体积大的重型物体捆包、液体粉状坠落物体打包、特别宽的物体以及加压物体打包。利用全自动打包机进行打包捆扎不仅美观牢固，而且效率高、浪费少。

5. 多功能包装机

这类包装机具有两种或两种以上的功能。其主要种类如下：

（1）全自动枕式包装机（图6-17）。全自动枕式包装机是一种自动连续收缩包装设备，适用于医药、食品、五金、日用品、纸盒等各种固态有规则物体的自动包装。其主要种类如下：

①充填封口机。具有充填、封口两种功能。

②成型充填封口机。具有成型、充填、封口三种功能。成型的种类有袋成型、瓶成型、箱盒成型、泡罩成型、熔融成型等。

③定型充填封口机。具有定型、充填、封口功能。

④双面封箱机。能同时封上盖和下底两个面。封箱时，箱子可侧放或立放。

图6-17　全自动枕式包装机

（2）成型-充填-封口包装机。成型-充填-封口包装机是一种多功能的包装机，如图6-18所示。物料进入包装机的顶部后，计量部分将定好数量的产品依次送入物料通道。卷筒包装材料在通过物料通道的外壁时，被成型器卷绕成筒状，纵封器将其纵向缝焊封牢固。横封器完成包装袋的顶封和下一个袋子的底封，成为两道焊缝。由于下料通道被包装袋裹住，底封封焊后就可直接向袋内下料，随之移动一个工位完成顶封封口，并用切刀切断，完成包装工序。

图6-18　成型-充填-封口包装机

### 6. 液体灌装机

液体灌装机是将液体产品按预订量灌注到包装容器内的设备，如图 6-19 所示。按灌装原理，液体灌装机分为常压灌装机、压力灌装机和真空灌装机。

图6-19　液体灌装机

（1）常压灌装机。常压灌装机是在大气压力下靠液体自重进行灌装。这类灌装机又分为定时灌装和定容灌装两种，只适用于灌装低黏度不含气体的液体，如牛奶、葡萄酒等。

（2）压力灌装机。压力灌装机是在高于大气压力下进行灌装。可分为两种：一种是贮液缸内的压力与瓶中的压力相等，靠液体自重流入瓶中而灌装，称为等压灌装；另一种是贮液缸内的压力高于瓶中的压力，液体靠压差流入瓶内，高速生产线多采用这种方法。压力灌装机适用于含气体的液体灌装，如啤酒、汽水、香槟酒等。

（3）真空灌装机。真空灌装机是在瓶中的压力低于大气压力下进行灌装。这种灌装机结构简单，效率较高，对物料的黏度适应范围较广，如油类、糖浆、果酒等均可适用。

### 7. 贴标机

贴标机主要用于两面贴标签，如图 6-20 所示，适用于医药、食品、润滑油、化妆品等行业的产品两个对应表面进行贴标签。

图6-20　贴标机

8. 喷码机

喷码机广泛应用于食品、饮料、化工、建材、制药和塑胶等行业，如图 6-21 所示，可根据需要喷印中文、英文、数字、日期、批号等信息。

图6-21　喷码机

9. 包装辅助设备

包装辅助设备主要包括清洗机、干燥机、杀菌机等。

（1）清洗机。清洗机是指对包装容器、包装材料、包装物、包装件进行清洗以达到预期清洁度要求的机器，如图6-22所示。

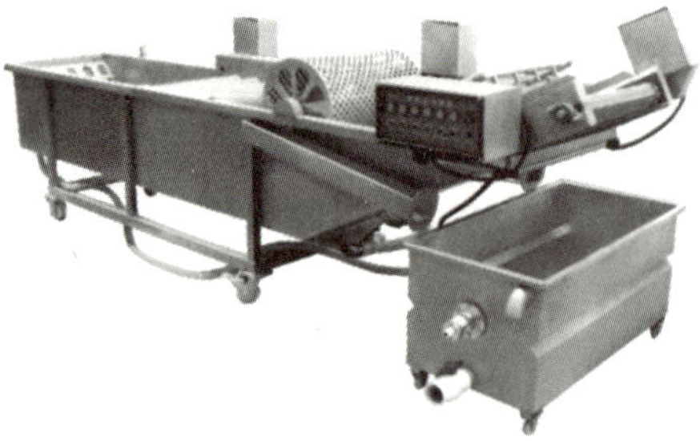

图6-22　清洗机

（2）干燥机。干燥机是一种利用热能降低物料水分的机械设备，如图 6-23 所示，用于对物体进行干燥操作。干燥的目的是便于物料使用或后续的进一步加工。

图6-23　干燥机

（3）杀菌机。杀菌机是对产品、包装容器、包装材料、包装辅助物以及包装件等上的微生物进行杀灭，使其降低到允许范围内的机器，如图 6-24 所示。主要用于果蔬原浆、原汁、浓缩汁、牛奶、果汁饮料或类似产品进行连续灭菌工艺。

图6-24　杀菌机

## 四、选择包装设备的要素

使用机械包装产品不仅能提高生产效率，降低劳动强度，适应大规模生产的需要，还能满足产品的清洁卫生要求，因而选择一款优质的包装机械就显得至关重要，其选择要点如下：

第一，确定自己将购买的包装设备用于哪些产品。

第二，高性价比是第一原则。

第三，注意包装设备细节。

第四，厂家提供的售后服务在包装设备行业内要有良好的口碑。

第五，选购易于操作，利于生产的设备。

第六，尽可能选择历史悠久的名牌包装机企业，质量上有保障。

## ➢ 任务实施

平时刘可喜欢喝可口可乐等碳酸饮料，可他从未见过饮料的灌装流程。到底饮料是如何灌装的呢？让我们一起看一看玻璃瓶装饮料的灌装过程吧！

第一步：检验空瓶。将瓶子拿出轻轻放在输送带上，送入全自动冲瓶机中冲洗瓶子，进行空瓶瓶检，将不合格的瓶子剔除。

第二步：灌装。采用热灌装工艺，品温控制在 75~85℃，品温低于要求时应进行及时加热。

第三步：封口。采用全自动旋盖机进行封口，要求旋到位，不透气。

第四步：除杂菌。水温要求 100℃，煮沸 10~15 分钟，待时间到后，进行分段冷却至 30~40℃出锅，并做好原始记录。

第五步：饮料检测。灯检时，将有杂质、破裂、透气的产品剔除。

第六步：喷码、贴标、包装。生产日期及批号等字符要喷印清晰、准确；标签要贴得端正、平展、牢固美观；严格按照产品规格装箱，不要多装或漏装，并放好检验合格证。

第七步：清理。最后做好各工序场面的卫生清理工作。

## ◎ 任务评价

同学们，这次任务完成的情况如何？让我们从三个方面对这次任务的质量做一个评价，并将具体评价结果填写在表6–3、表6–4中。

表6–3　任务执行情况评价表

| 自我评价（占20%） | | |
|---|---|---|
| **主要评价内容** | **分值** | **得分** |
| 是否掌握所学的理论知识 | 5 | |
| 能否根据所学知识，对案例进行分析和思考 | 5 | |
| 能否在实践中依据产品特性选购合适的包装设备 | 10 | |
| 合计 | 20 | |
| 小组评价（占30%） | | |
| **主要评价内容** | **分值** | **得分** |
| 是否积极参与了小组的活动，并对小组任务完成做出了贡献 | 10 | |
| 是否遵守小组的纪律，并听从小组安排 | 10 | |
| 是否与小组同学合作默契 | 10 | |
| 合计 | 30 | |

续表

| 教师评价（占 50%） | | |
|---|---|---|
| 主要评价内容 | 分值 | 得分 |
| 是否掌握所学的基本知识 | 25 | |
| 能否按照老师的要求，进行独立思考和分析，并进行总结 | 25 | |
| 合计 | 50 | |
| 评语 | 教师签名：<br>年　月　日 | |

表 6-4　教师评语及其个人总结

| 项目 | | 内容 |
|---|---|---|
| 评语 | | 教师签名：<br>年　月　日 |
| 总结 | 学习收获 | |
| | 学习不足 | |
| | 如何改进 | |

## ◎ 豁然开朗

在刘立庆带领刘可参观完那些包装设备后，刘可终于不再苦恼，他对实习也充满了信心。原来包装设备的种类那么多，有充填机、封口机、裹包机、灌装机、多功能包装机、贴标机、喷码机，还有辅助包装的清洗机、杀菌机、干燥机等，刘可如今谈起这些机械设备也能如数家珍了。

## ◎ 应用训练

请分别给书籍、衣服、玻璃杯等不同商品进行合理包装。

实训目的：通过实训，了解不同包装材料的特点，根据不同商品选择正确的包装容器。

实训内容：收集身边不同的包装材料与容器，分析所需包装商品的不同特性，利用收集而来的这些材料和容器对所给商品进行合理包装。

实训要求：参与学生以分组的形式，在教师的指导下，分工协作进行材料收集与准备，最终现场进行包装比赛。

## ◎ 学后测评

**一、判断题**

1. 包装是指为在流通过程中保护产品，方便储运，促进销售，按一定技术方法而采用的容器、材料及辅助材料的总称。（　　）

2. 包装就怕不足，不怕包装过剩。（　　）

3. 喷码机不属于包装设备的一种。（　　）

4. 使用机械包装产品不仅能提高生产效率，降低劳动强度，适应大规模生产的需要，还能满足产品的清洁卫生要求，因而选择一款优质的包装机械就显得至关重要。（　　）

5. 金属包装材料具有强度高，便于储存、携带、运输，以及良好的阻气性、防潮性、化学性质稳定等优点。（　　）

**二、不定项选择题**

1. 集装袋一般载重是（　　）千克以上。

A. 100　　B. 500　　C. 1 000　　D. 5 000

2. 打包机的主要功能是（　　）物品。

A. 美化　　B. 填充　　C. 方便运输　　D. 加固包装

3. 集装箱是大型包装箱，属于（　　）周转型包装。

A. 一次　　B. 两次　　C. 三次　　D. 多次

4. 设计精美的产品包装，可起到宣传产品、美化产品和促进销售的作用，即包装的（　　）功能。

A. 销售　　B. 美化　　C. 保护　　D. 方便

5. 压力灌装机适用于（　　）的液体灌装。

A. 不含气　　B. 含气　　C. 油性　　D. 糖浆

6. 包装辅助设备主要包括（　　）。

A. 清洗机　　B. 充填机　　C. 杀菌机　　D. 干燥机

7. 清洗机是指对（　　）进行清洗以达到预期清洁度要求的机器。

A. 包装容器　　B. 包装材料　　C. 包装物　　D. 包装件

8. 包装箱有（　　）。

A. 瓦楞纸箱　　B. 木箱　　C. 塑料箱　　D. 集装箱

9. 按照性能，打包机可分为（　　）。

A. 裹包机　　B. 手动打包机　　C. 半自动打包机　　D. 全自动打包机

10.充填封口机具有（　　）功能。

A. 定型　　B. 充填　　C. 捆扎　　D. 封口

**三、思考题**

1. 简述包装的概念。

2. 简述包装的功能。

3. 如何做到包装合理化？

4. 简述包装设备的作用。

5. 如何选择合适的包装设备？

**四、案例分析**

### 顺丰的环保包装

如今，网购已是生活中必不可少的环节。与此相应，近年来，快递包装废弃物数量急速增长，尤其是快递包装中的填充物、胶带等塑料成分回收率几乎为零，使得快递包装的总体回收率低于 20%。这些无法回收利用的快递包装成为城市生活垃圾的首要增量和环境污染的重要来源。

2022 年，顺丰集团入选《财富》中国ESG 影响力榜，成为唯一上榜的快递物流公司。顺丰自 2018 年起自主研发并推出碳中和产品丰多宝循环包装箱，并于 2021 年进行了二次升级。升级后的循环包装箱采用了更易回收的单一化材料PP蜂窝板材，并使用自锁底折叠结构和全箱体魔术粘贴模式，免去使用胶带纸、拉链等易耗材料。丰多宝于2021 年7 月1 日起试点投放运营，截至2021 年12 月底已投放丰多宝72 万个，实现280万次的循环使用。

案例思考：

1. 根据案例查阅资料，说说什么是ESG。

2. 顺丰自主研发的丰多宝循环包装箱与普通的一次性包装相比有什么优点？

3. 结合案例，说一说为什么要减少塑料包装的使用。

# 项目七 探寻电子商务下的物流信息处理

## ◎ 知识目标

1. 熟知物流信息技术的应用及发展趋势

2. 掌握物流信息的概念及特征和作用

3. 掌握条形码技术、无线射频识别技术（Radio Frequency Identification，RFID）、电子数据交换技术（Electronic Data Interchange，EDI）、全球定位系统（Global Positioning System，GPS）、地理信息系统（Geographic Information System，GIS）等现代化物流信息技术的概念和在物流中的应用

4. 掌握现代化物流的特点，物流信息技术的应用情况及发展趋势

5. 掌握入库单、出库单的概念

## ◎ 能力目标

1. 能够熟练填制物流单据

2. 能够熟练填制入库单与出库单

## ◎ 素养目标

1. 培养学生勇于创新、吃苦耐劳的精神

2. 培养学生善于观察思考、精研业务、认真工作的习惯

## ◎ 案例导入

### 2022年京东“618”卖了3 793亿元的背后：无人仓+无人车+无人机

2022年6月19日，京东公布了当年“618”的累计下单金额，截至6月18日23：59，京东“618”累计下单金额超3793亿元，再创新高。“618”期间，京东全面开启智慧物流时代。

首先是京东无人仓，如图7-1所示。它是由京东X事业部自主研发的定制化、系统化整体物流解决方案，在控制算法、工业设计、机械结构、电气设计、应用场景等方面取得了大量的技术突破与创新，累计专利申请近200件。

京东通过人工智能、深度学习、图像智能识别、大数据应用等诸多先进技术，为传统工业机器人赋予了智慧，让它们具备自主的判断和行为，适应不同的应用场景、商品类型与形态，完成各种复杂的任务。

目前，京东无人仓的存储效率是传统横梁货架存储效率的5倍以上，并联机器人拣选速度可达3600次/小时，相当于传统仓库作业效率的5~6倍。随着智能物流机器人的不断普及，京东仓储物流将全面进入智慧化升级进程。

图7-1　京东无人仓

其次是京东无人车，如图7-2所示。京东无人车有大小型两种，小型无人车有五个格子，可以放5件快递，每天能配送10~20单，一次充电续航20千米；大型无人车一次性能送6件快递，一次充电续航80千米。工作人员把快递放入无人车的存储箱后，云端就能自动识别并且在客户端显示出包裹以及投入最后配送阶段，无人车随即给消费者发送短信，“我是京东智能配送车，正在全速为您配送订单”。在到达目的地后，无人车会再发送一条短信，告知取货密码，并提醒客户：“抓紧哦，30分钟见不到您我就自己先回家啦！”在配送过程中，无人车会通过车顶的激光感应系统自动检测前方路况。

图7-2　京东无人车

最后是京东无人机。京东自2017年开始与陕西省政府以及西安航天基地合力建造全球第一个低空无人机通用航空物流网络，并在宿迁落地第一个无人机运营调度中心。京东无人机已在西安建立了研发中心，研制载重 200~2000 千克，半径超过 500 千米的支线级中大型无人机，以大幅度提高仓库的辐射能力，降低库存成本，此举带来的仓储集中化会进一步提高物流应用水平。

**问题：**

有哪些信息技术可以用于提高物流信息管理效率和水平？

## 任务一　认识物流信息技术

### 任务情景

作为职场新人的刘可虽然见识了现代化的包装设备，但是他对自己所从事的物流行业还是有点顾虑，于是他便请教职场老人李明为他解答心中的疑惑："李经理，虽然物流是近几年来的新兴行业，但我国大部分物流公司都还在做运输和货代，而且大部分人做的都是低层次的机械式工作，您说我如何能一展所长呢？"李明哈哈一笑说："刘可，看来你还是不懂电子商务环境下的物流啊！如今的物流不再是搬搬扛扛的运输，而是依靠现代化信息技术的物流管理活动。现代化的物流需要的就是你这种高素质的管理人才！"那么，让我们和刘可一起来认识李明口中的现代化物流信息技术吧！

### 任务目标

1. 掌握物流信息和物流信息技术的概念及特征

2. 掌握条形码技术、无线射频识别技术、EDI、GPS、GIS等现代化物流信息技术的概念和应用趋势

3. 能在物流实践中应用现代化物流技术

### 知识准备

#### 一、物流信息的概念和特征

物流信息是反映物流各种活动内容的知识、资料、图像、数据、文件的总称。

#### 二、物流信息的特征

##### 1. 物流信息具有覆盖的广泛性和数目的海量性

由于物流企业经营范围的不断扩大，物流服务的领域和种类日新月异，覆盖的经济领

域不断扩大，物流信息需要反映的内容也越来越丰富，来源多样化，数据量不断增大。

2. 物流信息往往呈现动态、实时的特征

信息技术的应用加快了信息传播与物流运作的速度，从而对物流信息的时效性和信息管理提出了新的更高的要求。

3. 物流信息的高度相关性

随着供应链一体化的发展，各种不同的物流信息的联系越来越紧密，呈现出高度的相关性。

## 三、物流信息技术的概念

物流信息技术与物流信息息息相关，是指获取、传递、处理、再生和利用物流信息的技术。主要包括了条码技术、无线射频识别技术、EDI、GPS、GIS等。

## 四、物流信息技术在物流发展中的作用

1. 物流信息技术的应用促使物流成本的降低

物流信息技术的应用，使决策者与管理人员能更合理地规划或优化物流管理活动，如工作计划的拟订、人员的安排、库存数量的决策、需求和成本的预测、车辆的调度配载、运输路线的规划等，从而实现对物流活动的控制，使物流管理和决策最优化、智能化，可以最合理地利用有限的资源，以最小的消耗，取得最大的经济效益。

2. 物流信息技术的应用能提升物流、商流、资金流的整体效益

现代化的物流信息技术将生产企业、批发零售企业、物流企业、金融信贷企业等都联系在一起，企业能及时、准确、批量地交换有关数据，并使商流、物流、资金流有机地连接起来，提升了整体效益。

3. 物流信息技术的应用有利于提高物流运作的透明度

物流信息技术的应用使得物流过程中货物的状态和变化透明化，使得物流成本和费用的实际情况更容易被掌控，管理人员可以根据情况做出快速有效的反应，实现物流运作的动态决策。

4. 物流信息技术的应用有利于促进物流企业的竞争与技术创新

物流信息技术能将资源有机地整合在一起，从而提升物流企业的竞争力。同时，物流服务水平的提高和新需求的不断涌现也促使物流信息技术的推陈出新。

## 五、电子商务物流信息技术

1. 条形码技术

（1）条形码的概念。条形码是由一组规则排列的黑条、空白及其对应字符组成的

标记，用以表达一定信息的代码。主要用于表示商品的名称、产地、价格、种类等，是全世界通用的商品代码的表示方法。条形码如图7–3所示。

图7–3　条形码

（2）条形码的分类。

①按码制分类。国际广泛使用的条形码种类有EAN码（European Article Number）、UPC码（Universal Prodnct Code）、Code39码、Codebar码（库德巴码）、ITF25码（Interleaved Two of Five）、Code93码、Code128码等，以下介绍几种主要的条形码。

第一，EAN码。我们在生活中最常见的就是EAN码，它是当今世界上广为使用的商品条形码，也是国际物品编码协会制定的一种商品使用条形码，通用于全世界。EAN码符号有标准版（EAN–13）和缩短版（EAN–8）两种，我国的通用商品条形码与其等效。我们日常购买的商品包装上所印的条形码一般就是EAN码，图7–4展示了EAN–13代码的结构。

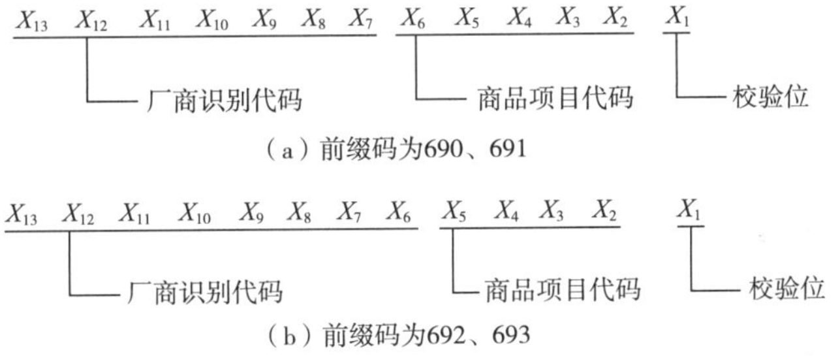


图7–4　EAN–13代码

在图7–4中，厂商识别代码由中国物品编码中心统一向申请厂商分配。厂商识别代码左起三位是国际物品编码协会分配给中国物品编码中心的前缀码，我国前缀码是690~695。商品项目代码由厂商根据有关规定自行分配。校验位用来校验其他代码编码的正误。

第二，UPC码。UPC码是美国统一代码委员会制定的一种商品使用条形码，UPC码如图7–5所示，主要用于美国和加拿大，我们在从美国进口的商品上可以看到。

图7–5　UPC码

第三，Code39码。Code39码是一种可表示数字、字母等信息的条形码，主要用于工业、图书及票证的自动化管理，使用极为广泛。Code39码如图7-6所示。

*A13439*

图7-6 Code39码

第四，库德巴码。库德巴码可表示数字和字母信息，在血库、图书馆和照相馆的业务中被广泛使用。库德巴码如图7-7所示。

a000800a

图7-7 库德巴码

②按维数分类。

第一，普通的一维条形码。平时我们看到的商品包装、书刊甚至是物流单据上的条形码都是普通的一维条形码。一维条形码自问世以来，由于其具有输入速度快、准确度高、成本低、可靠性强等优点，很快得到了普及并广泛应用于商业、图书管理、仓储、工业生产控制、交通等领域。但由于一维条形码的信息容量很小，如EAN-13码仅能容纳13位的阿拉伯数字，更多的描述商品的信息只能依赖数据库的支持，一旦离开了预先建立的数据库，这种条形码就无法使用，因而条形码的应用范围受到了一定的限制。另外，一维条形码由于制作简单，容易被不法分子获得并伪造。

第二，二维条形码。如今，我们的生活由于二维条形码的普遍使用变得更加方便快捷，随处可见“扫一扫”，用手机扫描二维条形码可以获得商家优惠，可以利用二维条形码进行手机支付，就连各种会员卡也制成了二维条形码储存在手机中。其实在20世纪90年代我国已经开始研究二维条形码技术。二维条形码是在一维条形码基础之上发展起来的，所以二维条形码除了具有一维条形码的优点外，还具有信息容量大、可靠性高、保密防伪性强、易于制作、成本低等优点。二维条形码如图7-8所示。

图7-8 二维条形码

(3) 条形码的识别原理。条形码自动识别系统一般由条形码自动识别设备、系统软件、应用软件等组成。

条形码自动识别设备包括扫描器、译码器、计算机和打印设备，以及显示器。

条形码自动识别软件一般包括扫描器输出信号的测量、条形码码制及扫描方向的识别、逻辑值的判断，以及阅读器与计算机之间的数据通信等部分。

常见的条形码阅读器，如图7–9所示。

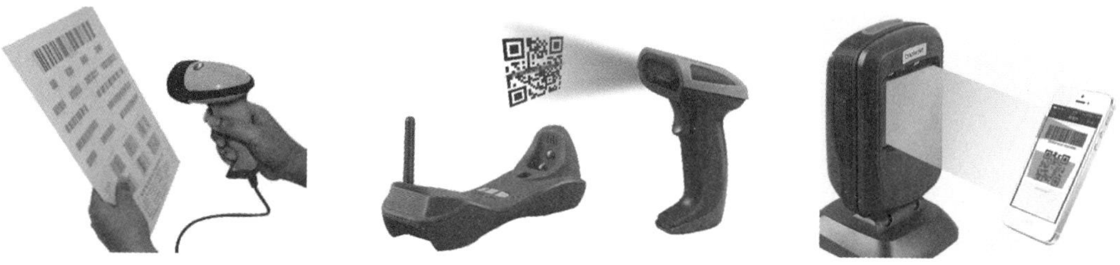

（a）有线式条形码阅读器（一维、二维）　（b）无线条形码扫描器（一维、二维）　（c）扫描平台

**图7–9　常见的条形码阅读器**

(4) 条形码在物流中的应用。

①物料管理。通过将物料编码，并且打印条形码标签，不仅便于物料跟踪管理，而且有助于做到合理的物料库存准备，从而提高生产效率，便于企业资金的合理运用。

②生产线物流管理。在生产中应用产品条形码监控生产，采集生产测试数据及质量检查数据，进行产品完工检查，建立产品条形码和产品档案，有序地安排生产计划，监控生产及流向，提高产品下线合格率。

③分拣运输。将打印好的条形码标签贴在要发送的物品上，在每个分拣点装一台条形码扫描器，使包裹或产品自动分拣到不同的运输机上。

④仓储保管。在出入库过程中，使用条形码不仅可以加快出入库的速度，还能减少出入库操作的差错；在仓储过程中，使用条形码不仅可以标识所有物品，还能标识货位。

⑤机场通道。我们在机场办理行李托运手续时，工作人员会当场打印出条形码，系在每件行李上，这个条形码应包含航班号和目的地等信息。根据条形码上的信息，行李被自动分拣到目的航班的传送带上。

⑥货物通道。货物通道是由一组扫描器组成，这些所有制式的扫描器一起工作，能够从所有的方向上全方位扫描，决定当前哪些条形码需要识读，然后将一个个信息传送给主计算机或控制系统。

⑦运动中称量。运动中称量与条形码自动识别相结合，将电子秤放在输送机上可

以得到包裹的重量而无须中断运输作业或人工处理。

2. RFID

(1) RFID概述。RFID是一种非接触式的自动识别技术，它利用射频方式进行非接触双向通信，以达到识别目的并交换数据，识别工作无须人工干预，可工作于各种恶劣环境。

(2) RFID系统的组成。

①电子标签（Electronic Tag）：由耦合元件及芯片组成，每个标签具有唯一的电子编码，附着在物体上标识目标对象，如图7–10所示。

图7–10　电子标签

②阅读器（Reader）：读取（有时还可以写入）标签信息的设备，可设计为手持式或固定式。

③天线（Antenna）：在标签和读取器之间传递射频信号。

(3) RFID技术的基本工作原理。在电子标签进入磁场后，接收阅读器发出的射频信号，凭借感应电流所获得的能量发送出存储在芯片中的产品信息，或者主动发送某一频率的信号，阅读器读取信息并解码后，送至中央信息系统进行有关数据处理。RFID技术工作原理如图7–11所示。

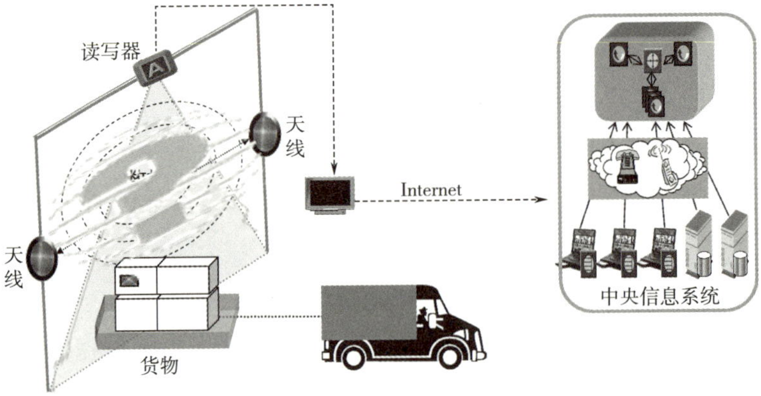


图7–11　RFID技术工作原理

(4) RFID技术的应用。

①物流：RFID技术在物流过程中应用广泛，如货物追踪、信息自动采集、仓储管理等。美国联合包裹运送服务公司（United Parcel Service，Inc，UPS），敦豪航空货运

公司（DHL Express），联邦快递（Fedex）等国际物流巨头都在积极试验，以期在将来通过大规模应用RFID技术来提升其物流能力。

②零售：由沃尔玛、麦德龙等大超市一手推动的RFID技术，主要应用于商品的销售数据实时统计、补货、防盗等。

③制造业：利用RFID技术可以实时监控生产过程的生产数据，并进行质量追踪、自动化生产、个性化生产等，这在贵重及精密的货品生产领域显得尤为迫切。

④医疗：RFID技术可以应用于医院的医疗器械管理、病人身份识别、婴儿防盗等领域。医疗行业对标签的成本不敏感，所以该行业将是RFID应用的先锋之一。

⑤身份识别：由于天生的快速读取与难伪造性，RFID技术被广泛应用于个人的身份识别证件。如世界各国现在开展的电子护照项目、我国的第二代身份证等其他各种电子证件都应用到了RFID技术。

⑥交通：电子不停车收费（Electronic Toll Collection，ETC）系统、出租车管理、公交车枢纽管理，以及汽车的防盗、定位等都应用了RFID技术。

⑦军事：RFID技术还可用于枪支、弹药、物资、人员及卡车等的识别与追踪。

⑧其他：RFID技术还可用于企事业单位的门禁、考勤，城市一卡通、电子停车场等。

### 3. EDI

（1）EDI的概念。EDI就是按照商定的协议，将商业文件标准化和格式化，并通过计算机网络，在贸易伙伴的计算机网络系统之间进行数据交换和自动处理，俗称“无纸化贸易”。

（2）EDI的特点。

①EDI是企业之间传输商业文件数据的一种形式，其使用对象是具有固定格式的业务联系的单位。

②EDI所传送的资料是商业文件，如提单、发票等。

③EDI所传输的文件数据采用共同的标准并具有固定格式。

④EDI系统由专门的EDI软件和硬件、专用数据库构成，有的还是专用网络，如金融专网。

⑤EDI与我们熟知的传真、电子邮件（E-mail）不同，EDI由收送双方的计算机系统通过数据通信网络来直接传送、交换资料，尽量避免人工的介入操作。

（3）物流中EDI的应用。如图7-12所示，在物流活动中，货主、承运业主，协助单位、其他的物流相关单位以及实际运输货物的交通运输企业之间通过EDI系统进行物流数据交换和自动处理。

（4）EDI的作用。

①实现无纸贸易。采用EDI后，原来由人工进行的单据、票证的核计、入账、结算及收发等处理均由计算机来完成，基本上实现了无纸贸易。

②提高经营活动效率。通过建立企业之间的数据交换网来实现票据处理、数据加工等事务作业的自动化、省力化、及时化和正确化。同时，有关销售信息和库存信息的共享，大大提高了经营活动的效率。

③提高数据传输的准确性。由于在数据传输过程中无须人工干预，避免人为错误，因而提高了信息的准确性。

④提高企业竞争能力。EDI作为开展电子贸易的一种信息化手段，有利于快速捕捉市场信息，提高经济效益，从而增强企业的市场竞争能力。

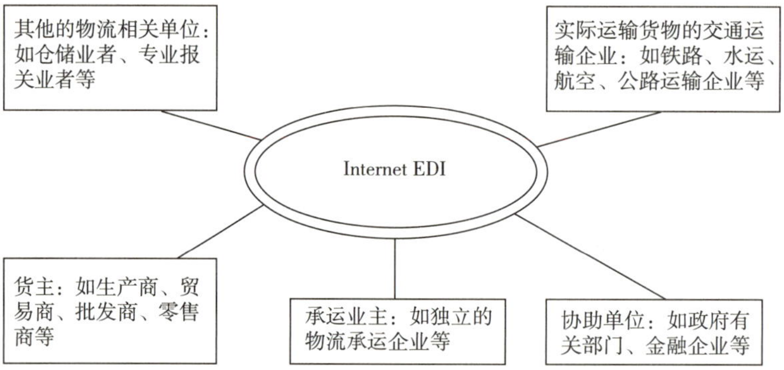


**图7–12　基于Internet的物流EDI的构成图**

## 4. GPS/GIS技术

（1）GPS的概念。GPS是一种以空中卫星为基础的高精度无线电导航定位系统，它主要用于船舶和飞机导航、对地面目标的精确定时和精密定位、地面及空中交通管制、空间与地面灾害监测等。

（2）GIS的概念。GIS是多种学科交叉的产物，它以地理空间数据为基础，采用地理模型分析方法，适时地提供多种空间、动态的地理信息，是一种为地理研究和地理决策服务的计算机技术系统。

绝大多数单独的GPS接收机以经纬度和高度表示位置，GIS是存于计算机中的地图数据库，GIS能比纸上地图更为精细复杂。它可以是三度空间以显示地形图，也可以包括其他有用的信息，如加油站、旅游胜地的照片等，汽车导航系统就是GPS和GIS之组合。

（3）GPS在物流管理中的应用。

①用于汽车定位、跟踪调度。利用GPS的计算机管理信息系统，可以通过GPS和计

算机网络实时收集公路汽车所运货物的动态信息，实现汽车、货物追踪管理，并及时进行汽车的调度管理。

②提供路线规划和导航。在货物配送领域中，对可能涉及的货物的运输、仓储、装卸、送递等处理环节，对各个环节涉及的问题如运输路线的选择、仓库位置的选择、仓库的容量设置、合理装卸策略、运输车辆的调度和投递路线的选择，都可以通过运用GPS技术的导航功能及车辆跟踪、信息查询等功能进行有效的管理和决策分析。

③提供紧急援助。通过GPS定位和监控管理系统可以对遇有险情或发生事故的车辆进行紧急援助。监控台的电子地图显示求助信息和报警目标，规划最优援助方案，并以报警声光提醒值班人员进行应急处理。

④除了公路定位、导航、监控管理及紧急援助，GPS还能提供铁路、航海及飞行的定位、导航、监控管理及紧急援助等。

## ➢ 任务实施

通过扫描条形码获取商品信息，进行出入库操作，不仅能降低错误率，还能大大提升工作效率。刘可对小家电进行条形码出入库扫描的操作流程如下：

第一步：新商品到库建立新商品信息资料。根据条形码所需要的商品信息进行录入，包括新增货号、商品名称、工厂编号、供应商、品牌、等级、产地、标价、批发价、采购价等。

第二步：条形码生成。新增所有商品都需经过条形码生成后方可进行扫描入库。

第三步：条形码打印。将采购单上的商品依次按货号、颜色等信息打印条形码，并将打印的条形码贴在商品外盒上。

第四步：扫描入库。所有的条形码贴好后，用扫描枪依次将货品扫描入库。

第五步：货品检查。对每次回来的所有产品进行检查，检查内容包括货号、颜色等信息与包装是否一致。

第六步：出库扫描。所有的退货、对调的商品都扫描完成后，清点登记的退货数量与实际退货的数量是否一致。

## ◎ 任务评价

同学们，这次任务完成的情况如何？让我们从三个方面对这次任务的质量做一个评价，并将具体评价结果填写在表7–1、表7–2中。

表7–1　任务执行情况评价表

| 自我评价（占20%） | | |
|---|---|---|
| **主要评价内容** | **分值** | **得分** |
| 是否掌握物流信息技术的概念和作用 | 5 | |
| 是否掌握条形码技术、无线射频识别技术、EDI、GPS、GIS等现代化物流信息技术的概念 | 5 | |
| 能否使用条形码技术、无线射频识别技术等现代化物流信息技术 | 10 | |
| 合计 | 20 | |
| 小组评价（占30%） | | |
| **主要评价内容** | **分值** | **得分** |
| 是否积极参与了小组的活动，并对小组任务完成做出了贡献 | 10 | |
| 是否遵守小组的纪律，并听从小组安排 | 10 | |
| 是否与小组同学合作默契 | 10 | |
| 合计 | 30 | |
| 教师评价（占50%） | | |
| **主要评价内容** | **分值** | **得分** |
| 是否掌握条形码技术、无线射频识别技术、EDI、GPS、GIS等现代化物流信息技术的概念 | 25 | |
| 能否熟练使用条形码技术、无线射频识别技术等现代化物流信息技术 | 25 | |
| 合计 | 50 | |
| 评语 | 教师签名：<br>年　　月　　日 | |

表7–2　教师评语及其个人总结

| 项目 | | 内容 |
|---|---|---|
| 评语 | | 教师签名：<br>年　　月　　日 |
| 总结 | 学习收获 | |
| | 学习不足 | |
| | 如何改进 | |

## ◎ 拓展提升

### 物流作业信息处理系统

物流作业信息处理系统一般有电子自动订货系统、销售时点信息系统、智能运输系统等。

电子自动订货系统是一种基于电子化技术的智能化自动化订货系统。它通过与供应商建立电子化协议，将存货水平、库存和销售需求等信息实时传递给供应商，以确保及时自动订货，并减少库存积压和订单滞销等问题。

销售时点信息系统是利用光学式自动读取设备，按照商品的最小类别读取实时销售信息以及采购、配送等阶段发生的各种信息，并通过通信网络将其传送给计算机系统进行加工、处理和传送的系统。

智能运输系统是一种全新的交通运输系统，它将先进的信息和通信等技术集成到交通运输基础设施及运输工具中，为用户、交通运输基础设施、交通工具提供一个先进的信息和通信网络，使整个交通运输系统更加安全、更有效率、更加可靠并且环境友好。

## ◎ 豁然开朗

刘可在认识了这么多物流行业的高新科技后不再迷茫，对物流的认识也不再是“搬搬扛扛”的简单印象。他顿感自己所从事的行业非常“高大上”，决心将自己所学的知识运用到实践工作中，尤其是用高科技做好物流管理工作。

# 任务二 认识物流信息技术的应用及发展趋势

## ➤ 任务情景

刘可在掌握了物流信息技术后还觉得不够深入，于是他向李明继续讨教目前我国物流信息技术的应用情况。刘可非常善于思考，他觉得利用物流信息技术是未来物流发展的大趋势，他对于自己的职业前景也充满了信心。李明对这个年轻人青睐有加，于是和他深入地探讨了物流信息技术的应用及发展趋势。让我们一起来看看他们探讨的内容吧!

## ◎ ➤ 任务目标

1. 了解中国物流现代化发展的概况
2. 掌握现代化物流的特点

3. 熟知物流信息技术的应用情况及发展趋势

## ➢ 知识准备

### 一、中国物流现代化发展的概况

从 2010 年起，我国的物流业就一直保持较快增长。目前，全国大部分省市都建立了比较完善的智能交通体系，实现了高速公路联网检测和车辆动态监管。

2012—2021 年，中国社会物流总额和社会物流总费用分别从 177.3 万亿元和 9.4 万亿元增长到 335.2 万亿元和 16.7 万亿元，年均增速分别高达 7.3%和 6.6%。货运量和货物周转量分别从 410.04 亿吨和 17.38 万亿吨・千米增长至 529.7 亿吨和 22.36 万亿吨・千米，年均增长率分别为 2.9%和 2.8%。港口货物吞吐量和港口集装箱吞吐量分别从 107.8 亿吨和 1.8 亿TEU增长到 155.5 亿吨和 2.8 亿TEU，年均增长率分别高达 4.2%和 5.0%。快递业务量从 56.9 亿件增加到 1 083 亿件，增长达到了 19 倍，年均增速高达 38.7%。2014 年，中国快递市场以 139.6 亿件的业务量首次超越美国成为全球第一，至今连续9年稳居世界第一。

中国RFID产业链各环节都呈现出高速增长的势头，2012 年我国RFID市场规模达到 236.6 亿元，位居世界第三。2013 年 5 月，阿里巴巴集团启动中国智能物流骨干网（Chinasmart Samrt Logistic Network，CSN）项目，即阿里巴巴携银泰联合复星集团、富春控股、顺丰集团、三通一达（申通、圆通、中通、韵达）、宅急送、汇通，以及相关金融机构成立的菜鸟网。2014 年 7 月，中国邮政集团公司与阿里巴巴集团共同签署战略合作框架协议，合作建设中国智能物联骨干网。2015 年 6 月，顺丰、申通、中通、韵达、普洛斯联合发布公告，共同投资创建深圳市丰巢科技有限公司，通过运营“丰巢”智能快递柜，以提供平台化快递收寄交互业务。

2011 年 8 月 2 日出台的《国务院办公厅关于促进物流业健康发展政策措施的意见》强调，加强物流新技术的自主研发，重点支持货物跟踪定位、无线射频识别、物流信息平台、智能交通、物流管理软件、移动物流信息服务等关键技术攻关，适时启动物联网在物流领域的应用示范。2014 年 9 月 12 日，国务院出台了《物流业发展中长期规划（2014—2020 年）》（简称《规划》），部署加快发展现代物流业，提出到 2020 年基本建立布局合理、技术先进、便捷高效、绿色环保、安全有序的现代物流服务体系。我国对物流业信息化和智能化发展的重视程度可见一斑。

但是，从信息化建设的角度来看，中国物流企业还处于相对原始、低级的阶段，新一代信息技术在物流行业的应用和推广水平仍然较低。据统计，已经实施或部分实施信息化的企业只占了 21%，全面实施信息化的企业只有 10%，这与发达国家还有较大差距。

## 二、现代化物流的特点

### 1. 信息化

物流信息化是电子商务的必然要求。物流信息化表现为物流信息收集的数据库化、物流信息处理的电子化和计算机化、物流信息传递的标准化和实时化、物流信息存储的数字化等。

### 2. 自动化

物流自动化的基础是物流信息化，外在表现是操作无人化，效果则是省力化。物流自动化不仅可以提高物流作业能力和劳动生产率，还可以减少物流作业的差错等。

### 3. 网络化

物流网络化是物流信息化的必然，是电子商务下物流活动的主要特征之一。当今世界Internet等全球网络资源的可用性及网络技术的普及为物流网络化提供了良好的外部环境，物流网络化势不可挡。

### 4. 智能化

物流智能化是物流自动化、物流信息化的一种高层次应用。为了提高物流现代化的水平，物流智能化已成为电子商务下物流发展的一个新趋势。

### 5. 柔性化

物流柔性化本来是为实现“以顾客为中心”理念而在生产领域提出的。柔性化的物流正是适应生产、流通与消费的需求而发展起来的一种新型物流模式。这就要求物流配送中心根据消费需求“多品种、小批量、多批次、短周期”的特色，灵活组织和实施物流作业。

## 三、物流信息技术的应用情况

### 1. 物流自动化设备技术应用

目前，中国除了传统的货架、叉车、其他搬运车辆外，诸如自动化立体仓库、各种物流输送设备、高速分拣机、RFID等先进物流装备和技术都得到了飞速发展。以下是重点介绍的几种应用情况：

（1）无人机快递。物流自动化设备技术的集成和应用的热门环节是配送中心，国内外很多快递业巨头针对交通不便、送货困难的山区和偏远农村推出无人机快递业务。例如，顺丰快递目前已经在中国珠江三角洲地区（广东省中南部）的山区、偏远农村等地推出无人机快递业务，每天飞行500架次到1 000架次。如图7-13所示。

图7-13　无人机快递

（2）物流自动化拣选设备。物流自动化拣选设备是利用条形码或电子标签将物件从主输送线分别导入到指定的分支输送线上，实现对物件进行自动分类或重组。如北京市医药总公司配送中心，其拣选货架（盘）上配有可视的分拣提示设备，这种分拣货架与物流管理信息系统相连，动态地提示被拣选的物品和数量，指导着工作人员的拣选操作，提高了货物拣选的准确性和速度。医药自动分拣设备如图7-14所示。

图7-14　医药自动分拣设备

（3）自动化立体仓库。自动化立体仓库由于具有很高的空间利用率、很强的入出库能力、采用计算机进行控制管理而有利于企业实施现代化管理等特点，已成为企业物流和生产管理不可缺少的仓储技术。自动化立体仓库如图7-15所示。

图7-15　自动化立体仓库

2. 物流设备跟踪和控制技术

物流设备跟踪主要是指对物流的运输载体及物流活动中涉及的物品所在地进行跟踪。

目前，我国物流设备跟踪的手段主要有传统的电话跟踪及运用RFID进行阶段性的跟踪，但国内用得最多的还是利用GPS技术跟踪。而为了更好地解决物流配送“最后一千米”问题，我国已经在积极推进货运APP项目，该项目将使物流信息技术设备跟踪和控制技术更上一个台阶，促进人员、货源、车源等信息高效匹配，有效降低货车空驶率，提高配送效率。

例如，在京港澳高速公路上，一辆中国远洋运输（集团）总公司［China Ocean Shipping (Group) Company，COSCO］的大型集装箱冷藏运输车正在飞速行驶着。乍一看，与其他车辆并无差别。驾驶室里，一个小型显示屏上下跳动着几行数据——这就是美国高通公司根据运输业的特点专门设计的车辆调度管理系统。此时此刻，几百里之外的北京麦当劳总部非常想知道，这批正在运输过程中的冷藏仪器安全到达目的地的准确时间。COSCO车队调度中心通过广东南方卫星通信服务有限公司（简称SST）设立的SST网络管理中心接收到从通信卫星上发来的信息，然后迅速将信息发到货主的E-mail信箱中——“货品非常安全，两个小时后抵达目的地”。此时，货主也通过因特网查询到货物的流向，货主放心了。COSCO和SST为大众示范了GPS在交通运输业的成功应用。COSCO运输车如图7-16所示。

图7-16　COSCO运输车

再如，北京中交兴路车联网科技有限公司“车旺 95155”APP产品融合了物联网、移动互联、智能交通、云计算、大数据、地理信息、位置服务等先进技术，通过三屏（手机屏、电脑屏、车机屏）、一卡（会员卡）、一号（服务热线），为货车司机提供卫星定位、物流交易、跟踪定位、加油服务、金融保险、远程救援等多项服务，打造了商用车车联网O2O生态圈，重塑人、车、路、货、网与司机工作生活的融合方式。

3. 物流动态信息采集技术应用

目前，较流行的物流动态信息采集技术应用中，一维条形码、二维条形码技术应用范围最广，还有包括磁条（卡）、语音识别、RFID、GIS、GPS与互联网等技术。

### 四、物流信息技术的发展趋势

#### 1. 加强物流公共信息服务平台建设

2022 年 12 月 15 日，国务院办公厅发布《“十四五”现代物流发展规划》，提出加强物流公共信息服务平台建设，在确保信息安全的前提下，推动交通运输、公安交管、市场监管等政府部门和铁路、港口、航空等企事业单位向社会开放与物流相关的公共数据，推进公共数据共享。利用现代信息技术搭建数字化、网络化、协同化物流第三方服务平台，推出一批便捷高效、成本经济的云服务平台和数字化解决方案，推广一批先进数字技术装备。推动物流企业“上云用数赋智”，树立一批数字化转型标杆企业。

#### 2. RFID技术将成为物流动态信息采集技术的重点

在基础信息采集方面，我们的大量信息还要依赖手工录入，因此存在效率低、差错率高、更新不及时等问题，影响后期的整个传输和应用，而这是信息化的基础。目前，我们主要采取的方案是将RFID用在物流装备上，通过进行动态跟踪识别，间接掌握商品的信息，而不是将RFID技术用到每一件商品上。

专家分析认为，RFID技术普遍应用于物流行业，可大幅提高物流管理与运作效率，降低物流成本。另外，从全球发展趋势来看，随着RFID相关技术的不断完善和成熟，RFID产业将成为一个新兴的高技术产业集群，成为国民经济新的增长点。因此，RFID技术是物流动态信息采集技术的重点，并有望成为推动现代物流加速发展的新品润滑剂。

#### 3. 物流信息安全技术将日益被重视

物流信息技术，在享受网络飞速发展带来巨大好处的同时，也时刻面临着安全危机，如网络黑客无孔不入的恶意攻击、病毒的肆虐、信息的泄露等。应用安全防范技术，是企业长期面临的一项重大挑战。

## ➤ 任务实施

在李明经理的帮助下，刘可用手机注册菜鸟裹裹进行操作。在快递APP里，菜鸟裹裹APP彻底打破传统快递的模式，实现真正的“云”快递！菜鸟裹裹APP将物联网、云计算、卫星导航与位置服务等新一代技术在快递里完美地结合起来。让我们一起玩转菜鸟裹裹APP的手机操作吧！

第一步：快速注册。利用手机号码快速注册，注册成功后便成双重身份的人，既可以是发件人，也可以在线申请兼职快递员资格，审核通过后便可同步接收身边的快件订单。

第二步：智能寄件。注册完，10秒后便可在线智能寄件。通过GPS地址定位、账户管理，使寄件更智能。

第三步：实时追踪。运单扫描、快件信息主动推送，随时随地掌握快件状态。

第四步：实时派件。随时随地掌握周围的可接快件，根据自己的行程，自主选择周边快件订单、及时取件、随程携带等。

## ◎ 任务评价

同学们，这次任务完成的情况如何？让我们从三个方面对这次任务的质量做一个评价，并将具体评价结果填写在表7–3、表7–4中。

**表7–3　任务执行情况评价表**

| 自我评价（占20%） | | |
|---|---|---|
| **主要评价内容** | **分值** | **得分** |
| 是否掌握现代化物流的特点 | 5 | |
| 是否了解物流信息技术的应用情况及发展趋势 | 5 | |
| 能否使用物流相关APP软件 | 10 | |
| 合计 | 20 | |
| 小组评价（占30%） | | |
| **主要评价内容** | **分值** | **得分** |
| 是否积极参与了小组的活动，并对小组任务完成做出了贡献 | 10 | |
| 是否遵守小组的纪律，并听从小组安排 | 10 | |
| 是否与小组同学合作默契 | 10 | |
| 合计 | 30 | |
| 教师评价（占50%） | | |
| **主要评价内容** | **分值** | **得分** |
| 是否掌握现代化物流的特点 | 25 | |
| 能否使用物流相关APP软件 | 25 | |
| 合计 | 50 | |
| 评语 | 教师签名：<br>年　月　日 | |

表7–4　教师评语及其个人总结

| 项目 | | 内容 |
| --- | --- | --- |
| 评语 | | 教师签名：<br>年　月　日 |
| 总结 | 学习收获 | |
| | 学习不足 | |
| | 如何改进 | |

## ◎ 拓展提升

### 什么是物联网

物联网（Internet of Things，IOT），顾名思义就是“物物相连的互联网”，它是通过RFID、红外感应器、全球定位系统、激光扫描器等信息传感设备，按约定的协议，将任何物品与互联网连接起来，进行信息交换和通信，以实现智能化识别、定位、跟踪、监控和管理的一种网络。物联网应用非常广泛，遍及智能物流、智能交通、智能家居、智能医疗、智能电网、智能安防等众多领域。

## ◎ 豁然开朗

刘可在与李明经理探讨过物流信息技术的应用及发展趋势后更加坚定了从事物流行业的决心，他认为物流行业在中国有着广阔的发展前景，还有很多高新科技将应用于物流行业中，同时物流管理工作与采购、制造生产、销售甚至是客户服务等各行各业的联系将更加紧密，自己以后的工作也会面临更多的机遇与挑战。

# 任务三　如何填制物流单据

## ➢ 任务情景

刘可这次轮岗到了仓储部门，他接到了一项特别的任务，配合仓管员负责货物的入库和出库作业，还要充当信息员的角色学习填制入库单与出库单。这对于刚刚上岗的刘可来说是一项重要挑战，不过他在做足功课后还是很好地完成了任务，并且在这个岗位上表现非常出色。下面让我们和刘可一起来学习入库单与出库单的填制吧！

## ◎ ➤ 任务目标

1. 掌握入库单、出库单的概念
2. 能够熟练填制入库单与出库单

## ➤ 知识准备

### 一、入库单的概念

入库单是对采购实物入库数量的确认，也是对采购人员和供应商的一种监控，如果缺乏实物入库的控制，就不能防止采购人员与供应商串通舞弊，虚报采购量、实物短少的风险。它是企业内部管理和控制的重要凭证。

货物的入库作业是仓储业务的开始，入库作业直接影响到后续在库作业以及物流客户服务。因此，准确、快速地制作入库单证，正确进行入库单证的流转管理，对提高入库作业效率有着重要意义。

### 二、出库单的概念

出库单是企业之间或公司及工厂仓库内部使用的一种票据，只证明货物的出货日期、物品名称等信息，不产生利益的单证。

当出库单成为商家之间的调货凭证时，其与入库单是配套使用的，这样便于以后的对账和收款，简化了经常合作的商家之间的交易程序，同时也使市场上的交易更加流动化。

## ➤ 任务实施

刘可在驻厂老师夏清的指导下完成了入库单及出库单的制作。

### 一、入库单的制作

第一步：信息员根据入库通知单编制入库单，交给仓管员。

第二步：货物到达后，由仓管员对验收货物进行核验，并检查包装有无破损、污染等问题，确认无误后填制入库单。

任务背景：2024年5月7日，郑州现代物流中心有限公司收到客户编号为DSWL001的供应商——郑州绿城电子贸易公司采购部经理何锐发来的传真，称绿城电子贸易公司将有一批电脑配件需要入库，请郑州现代物流中心有限公司做好入库准备，传真内容见表7–5。

表7–5 入库通知单

| | | | | | | |
|---|---|---|---|---|---|---|
| 郑州绿城电子贸易公司<br>入库通知单 | | | | | | |
| 入库通知单号：ZZS202405070013 | | | | | | |
| 收货仓库：郑州现代物流中心有限公司 | | | 收货地点：郑州市航空港物流园区 | | | |
| 收货人：叶青 | | | 电话：0371–67890102 | | | |
| 发货日期：2024年5月7日 | | | 计划到货日期：2024年5月8日 | | | |
| **序号** | **物料编号** | **物料名称** | **规格** | **单位** | **计划数量** | **备注** |
| 1 | 530016–03 | 独立显卡 | SZ–X5218K | 箱 | 30 | |
| 2 | 530018–01 | 主板 | SZ–ZB2333–A | 箱 | 50 | |
| 3 | 530019–10 | 内存条 | SZ–N98–CT55 | 箱 | 65 | |
| 4 | 530021–09 | 硬盘 | SZ–Y66P8 | 箱 | 55 | |
| 制单人：赵曦 | | 审核人：何锐 | | 合计 | 200 | |

在接到绿城电子贸易公司的入库通知单后，郑州现代物流中心有限公司的仓储部经理王军随即进行了入库前的准备，要求信息员刘可制作单号为RKD001 的入库单，并将绿城电子贸易公司所有货物的入库和库内保管工作和信息交由郑州现代物流中心有限公司仓储部的仓管员叶青负责。

第一步：信息员根据入库通知单编制入库单（表7–6），交给仓管员。

表7–6 入库单

| | | | | | | | |
|---|---|---|---|---|---|---|---|
| 入库单<br>入库单号： | | | | | | | |
| 仓库编号 | | | | | | | |
| 供应商名称 | | 供应商编号 | | | 制单时间 | | |
| 入库通知单号 | | 应收总数 | | | 实收总数 | | |
| 物料编号 | 物料名称 | 规格 | 单位 | 计划数量 | 实际数量 | 批次 | 备注 |
| | | | | | | | |
| | | | | | | | |
| | | | | | | | |
| | | | | | | | |
| 仓管员 | | | | 制单员 | | | |

第二步：货物到达后，由仓管员对验收货物进行核验，并检查包装有无破损、污染等问题，确认无误后填制入库单。

刘可和叶青在货物的验收过程中，发现有6箱编号为530019–10的内存条外包装破损严重，里面的物品已经变形，经验丰富的仓管员叶青立即与供应商取得联系，经过协调后，当场拒收这6箱主板并由货车司机直接带回。

随后，叶青根据入库验收情况，在入库单上填写货物入库的实际数量及批次，并在“仓管员”一栏中签名，完成了该批货物入库单的编制（表7–7）。

**表7–7　入库单编制**

<table>
<tr><td colspan="8">入库单<br>入库单号：RKD001</td></tr>
<tr><td>仓库编号</td><td colspan="7">CK001</td></tr>
<tr><td>供应商名称</td><td>郑州绿城电子贸易公司</td><td>供应商编号</td><td colspan="2">DSWL001</td><td>制单时间</td><td colspan="2">2024年5月8日</td></tr>
<tr><td>入库通知单号</td><td>ZZS202405070013</td><td>应收总数</td><td colspan="2">200</td><td>实收总数</td><td colspan="2">194</td></tr>
<tr><td>物料编号</td><td>物料名称</td><td>规格</td><td>单位</td><td>计划数量</td><td>实际数量</td><td>批次</td><td>备注</td></tr>
<tr><td>530016–03</td><td>独立显卡</td><td>SZ–X5218K</td><td>箱</td><td>30</td><td>30</td><td></td><td></td></tr>
<tr><td>530018–01</td><td>主板</td><td>SZ–ZB2333–A</td><td>箱</td><td>50</td><td>50</td><td></td><td></td></tr>
<tr><td>530019–10</td><td>内存条</td><td>SZ–N98–CT55</td><td>箱</td><td>65</td><td>59</td><td></td><td></td></tr>
<tr><td>530021–09</td><td>硬盘</td><td>SZ–Y66P8</td><td>箱</td><td>55</td><td>55</td><td></td><td></td></tr>
<tr><td colspan="2">仓管员</td><td colspan="2">叶青</td><td colspan="2">制单员</td><td colspan="2">刘可</td></tr>
</table>

操作小贴士，入库单的填制需要根据填单人的身份及业务的进程来确定单证中的填写内容，其填制相关说明如下：

第一，入库单号。填写入库单编号。

第二，仓库编号。填写货物入库的仓库编号。

第三，供应商名称、编号。填写供应商名称和编号。

第四，制单时间。填写入库单的制单时间。

第五，入库通知单号。填写入库通知单编号。

第六，应收总数、实收总数。分别填写应收的总数量、实际收到的总数量。

第七，计划数量、实际数量。货物的入库计划数量由制单人负责填写，实际数量由仓管员验收货物后据实填写。

第八，批次。根据入库通知单的实际情况填写。

第九，仓管员。填写入库货物存放的仓库保管员。

第十，制单员。填写制作入库单的人员。

## 二、出库单的制作

第一步：信息员根据发货通知单编制出库单，交给仓管员。

第二步：在出库货物准备好以后，由仓管员对货物进行复核，确认无误后填制入库单。

任务背景：2024 年 5 月 16 日，郑州现代物流中心有限公司又收到客户编号为 DSWL001 的郑州绿城电子贸易公司采购部经理何锐发来的传真，称绿城电子贸易公司将要给河南省物流职业学院发送一批电脑配件，请郑州现代物流中心有限公司做好出库准备，传真内容见表7-8。

**表7-8　发货通知单**

郑州绿城电子贸易公司

发货通知单

发货通知单号：FH202405160008

收货单位：河南省物流职业学院　　收货地点：郑州市大学园区15号

收货人：陈力　　电话：0371-65667599

发货日期：2024年5月16日　　计划到货日期：2024年5月17日

| 序号 | 物料编号 | 物料名称 | 规格 | 单位 | 计划数量 | 备注 |
|---|---|---|---|---|---|---|
| 1 | 530016-03 | 独立显卡 | SZ-X5218K | 箱 | 10 | |
| 2 | 530018-01 | 主板 | SZ-ZB2333-A | 箱 | 20 | |
| 3 | 530019-10 | 内存条 | SZ-N98-CT55 | 箱 | 20 | |
| 4 | 530021-09 | 硬盘 | SZ-Y66P8 | 箱 | 15 | |
| 制单人：赵曦 | | 审核人：何锐 | | 合计 | 65 | |

在接到绿城电子贸易公司的出库通知单后，郑州现代物流中心有限公司的仓储部经理王军随即进行了出库前的准备，要求信息员刘可制作单号为CKD005的出库单，并将绿城电子贸易公司所有货品的出库信息和工作交由郑州现代物流中心有限公司仓储部的仓管员叶青负责。

第一步：信息员根据发货通知单编制出库单（表7-9），交给仓管员。

**表 7–9　出库单编制**

<table>
<tr><td colspan="8">出库单<br>出库单号：</td></tr>
<tr><td>仓库编号</td><td colspan="7"></td></tr>
<tr><td>供应商名称</td><td></td><td>发货通知单号</td><td colspan="2"></td><td>出库时间</td><td colspan="2"></td></tr>
<tr><td>收货单位名称</td><td></td><td>应发总数</td><td colspan="2"></td><td>实发总数</td><td colspan="2"></td></tr>
<tr><td>物料编号</td><td>物料名称</td><td>规格</td><td>单位</td><td>计划数量</td><td>实际数量</td><td>批次</td><td>备注</td></tr>
<tr><td></td><td></td><td></td><td></td><td></td><td></td><td></td><td></td></tr>
<tr><td></td><td></td><td></td><td></td><td></td><td></td><td></td><td></td></tr>
<tr><td></td><td></td><td></td><td></td><td></td><td></td><td></td><td></td></tr>
<tr><td></td><td></td><td></td><td></td><td></td><td></td><td></td><td></td></tr>
<tr><td>仓管员</td><td></td><td>签收人</td><td colspan="2"></td><td colspan="2">制单员</td><td></td></tr>
</table>

第二步：在出库货物准备好以后，由仓管员对货物进行复核，确认无误后填制出库单（表 7–10）。

**表 7–10　出库单编制**

<table>
<tr><td colspan="8">出库单<br>出库单号：CKD005</td></tr>
<tr><td>仓库编号</td><td colspan="7">CK001</td></tr>
<tr><td>供应商名称</td><td>郑州绿城电子贸易公司</td><td>发货通知单号</td><td colspan="2">FH202405160008</td><td>出库时间</td><td colspan="2">2024 年 5 月 16 日</td></tr>
<tr><td>收货单位名称</td><td>河南省物流职业学院</td><td>应发总数</td><td colspan="2">65</td><td>实发总数</td><td colspan="2">65</td></tr>
<tr><td>物料编号</td><td>物料名称</td><td>规格</td><td>单位</td><td>计划数量</td><td>实际数量</td><td>批次</td><td>备注</td></tr>
<tr><td>530016–03</td><td>独立显卡</td><td>SZ–X5218K</td><td>箱</td><td>10</td><td>10</td><td></td><td></td></tr>
<tr><td>530018–01</td><td>主板</td><td>SZ–ZB2333–A</td><td>箱</td><td>20</td><td>20</td><td></td><td></td></tr>
<tr><td>530019–10</td><td>内存条</td><td>SZ–N98–CT55</td><td>箱</td><td>20</td><td>20</td><td></td><td></td></tr>
<tr><td>530021–09</td><td>硬盘</td><td>SZ–Y66P8</td><td>箱</td><td>15</td><td>15</td><td></td><td></td></tr>
<tr><td>仓管员</td><td>叶青</td><td>签收人</td><td colspan="2">陈力</td><td colspan="2">制单员</td><td>刘可</td></tr>
</table>

操作小贴士：出库单填制相关说明如下：

第一，出库单号。填写出库单的编号。

第二，仓库编号。填写所需出库货物存放的仓库编号。

第三，供应商名称、收货单位名称。分别填写出库货物的供应商名称、收货方的公司名称。

第四，发货通知单号。填写发货通知单编号。

第五，出库时间。填写货物装车运走的时间。

第六，应发总数、实发总数。分别填写应发货物的总数量、实际发货的总数量。

第七，计划数量、实际数量。分别填写出库货物的应发数量、实际发送数量。

第八，批次。根据发货通知单的实际情况填写。

第九，仓管员。填写出库货物所在的仓库保管员。

第十，签收人。填写负责货物签收的人员。

第十一，制单员。填写制作出库单的人员。

## ◎ 任务评价

同学们，这次任务完成的情况如何？让我们从三个方面对这次任务的质量做一个评价，并将具体评价结果填写在表7–11、表7–12中。

**表7–11　任务执行情况评价表**

| | | |
|---|---|---|
| 自我评价（占20%） | | |
| **主要评价内容** | **分值** | **得分** |
| 是否掌握入库单的概念 | 5 | |
| 是否掌握出库单的概念 | 5 | |
| 能否独立填制入库单与出库单 | 10 | |
| 合计 | 20 | |
| 小组评价（占30%） | | |
| **主要评价内容** | **分值** | **得分** |
| 是否积极参与了小组的活动，并对小组任务完成做出了贡献 | 10 | |
| 是否遵守小组的纪律，并听从小组安排 | 10 | |
| 是否与小组同学合作默契 | 10 | |
| 合计 | 30 | |

续表

| 教师评价（占50%） | | |
|---|---|---|
| 主要评价内容 | 分值 | 得分 |
| 是否掌握入库单、出库单的概念 | 25 | |
| 能否熟练填制入库单与出库单 | 25 | |
| 合计 | 50 | |
| 评语 | 教师签名：<br>年　月　日 | |

表7-12　教师评语及其个人总结

| 项目 | | 内容 |
|---|---|---|
| 评语 | | 教师签名：<br>年　月　日 |
| 总结 | 学习收获 | |
| | 学习不足 | |
| | 如何改进 | |

## ◎ 拓展提升

做好仓库管理四大注意事项：

第一，把控货物入库的数量与品质。

第二，货物的存储要得当。

第三，做好出库的交接。

第四，账面需正确。

## ◎ 豁然开朗

经过这次轮岗后，刘可变得更加自信，而且对于物流单证的填制也有了自己的心得。对于以前自己一直不是很在意的仓管员的岗位，他也有了新的认识，原来仓管员这么重要，而且责任重大！仓管员不仅要看住货物，而且要积极主动地查看货物，定期盘点，对于进出库货物一定要把好关，做好记录。

## ◎ 应用训练

实训题：制作入库单。

实训目的：通过实训，学习物流单证制作。

实训内容：请根据任务背景及业务流程说明，以郑州烟草（集团）公司配送中心信息员李婷的身份制作入库单，货物验收完毕后由仓管员刘佳对入库单进行反馈。

实训要求：参与学生以分组的形式，在教师的指导下，进行小组讨论，并最终填制完成商品入库单。

任务背景：2024年5月8日，郑州烟草（集团）公司配送中心仓库客服部李明收到客户编号为ZZYC001的供应商郑州烟草（集团）公司运来的一批货物。入库通知单见表7-13。

**表7-13　入库通知单**

| | | | | | | |
|---|---|---|---|---|---|---|
| 郑州烟草（集团）公司<br>入库通知单 | | | | | | |
| 入库通知单号：RKTZ183 | | | | | | |
| 收货仓库：郑州烟草（集团）公司配送中心 | | | 收货地点：郑州市高新区第四大街66号 | | | |
| 收货人：王亮 | | | 电话：0371-63870007 | | | |
| 发货日期：2024年5月8日 | | | 计划到货日期：2024年5月9日 | | | |
| **序号** | **物料编号** | **物料名称** | **规格** | **单位** | **计划数量** | **备注** |
| 1 | YC3001 | 中华（硬包） | 24条/箱 | 箱 | 50 | |
| 2 | YC3002 | 中华（软包） | 24条/箱 | 箱 | 40 | |
| 3 | YC3013 | 芙蓉王 | 24条/箱 | 箱 | 55 | |
| 4 | YC3017 | 玉溪 | 24条/箱 | 箱 | 35 | |
| 制单人：张林 | | 审核人：宋丽 | | 合计 | 180 | |

郑州烟草（集团）公司配送中心信息员李婷收到该批货物入库通知单后，编制了单号为RKD001的入库单，并将该批货物存放于CK2001库房。但在入库验收时，仓管员刘佳发现该批货物中，编号为YC3002的货物少送2箱，编号为YC3013的货物破损3箱。仓管员刘佳随即对破损货物做拒收处理，交由送货司机带回，然后按照实际入库数量在入库单上进行反馈。

## ◎ 学后测评

### 一、判断题

1. RFID是一种接触式的自动识别技术，它利用射频方式进行非接触双向通信，以

达到识别目的并交换数据，识别工作无须人工干预。（　　）

2. 条形码主要用于表示商品的名称、产地、价格、种类等，是全世界通用的商品代码的表示方法。（　　）

3. 柔性化就是“以顾客为中心”。（　　）

4. 入库单是企业之间或公司及工厂仓库内部使用的一种票据，只证明货物的出货日期、物品名称等信息，不产生利益的单证。（　　）

5. 货物存放的好坏，不会直接影响货物的品质及后续的工作，所以仓管员没必要不间断地对货物进行查看。（　　）

**二、不定项选择题**

1.（　　）是对采购实物入库数量的确认，也是对采购人员和供应商的一种监控。

A. 发货单　　B. 提货单　　C. 入库单　　D. 出库单

2. 我们在生活中最常见的就是（　　），它是当今世界上广为使用的商品条形码。

A. EAN码　　B. UPC码　　C. Code39码　　D. Codebar码

3.（　　）是多种学科交叉的产物，它以地理空间数据为基础，采用地理模型分析方法，适时地提供多种空间、动态的地理信息，是一种为地理研究和地理决策服务的计算机技术系统。

A. GPS　　B. GIS　　C. ITS　　D. POS

4.（　　）能将物件从主输送线按一定的规律分别导入到指定的分支输送线上，从而对物件进行自动分类或重组。

A. 物流自动化拣选设备　　B. RFID

C. 条形码技术　　D. GIS

5.（　　）具有信息容量大、可靠性高、保密防伪性强、易于制作、成本低等优点。

A. RFID　　B. 一维条形码　　C. 二维条形码　　D. EDI

6. EDI就是按照商定的协议，将商业文件（　　），并通过计算机网络，在贸易伙伴的计算机网络系统之间进行数据交换和自动处理。

A. 自动化　　B. 智能化　　C. 标准化　　D. 格式化

7. RFID系统的组成有（　　）。

A. 电子标签　　B.阅读器　　C.天线　　D.磁卡

8. GPS在物流管理中可用于（　　）。

A. 汽车定位　　B. 跟踪调度　　C. 路线规划　　D. 紧急救援

9. 物流设备跟踪的手段主要有（　　）。

A. 电话　　B. RFID　　C. GPS　　D. 手机APP

10.按维数分，条码种类有（　　）。

A. EAN码　　B. 一维条形码　　C. 二维条形码　　D. UPC码

**三、思考题**

1. 简述物流信息技术的概念。

2. 简述现代化物流的特点。

3. 简述EDI的作用。

4. 简述物流信息技术的作用。

5. 简述条形码技术的作用。

**四、案例分析**

原广州军区某部积极打造军事物流信息平台，以信息化推动保障高效化，为战场保障构建起灵敏高效的“信息中枢”。

该部对网络系统进行升级改造，将过去独立分散的网络建成上下互联互通，融数据采集、信息监控、作战指挥等功能于一体的“信息高速公路”，打造军事物流信息平台，提升保障效率。它们建起野战局域网，将保障资源、兵要地志和作战单位保障需求等数据编入指挥网络体系，组成若干个既能独立执行任务又相互联系的保障单元，打造综合保障体系。它们还将二维码技术、射频识别技术等嵌入信息系统，可同时识别物资规格、收发时间等参数，并能实现电子记账、快速装卸和零误差管理，综合保障能力显著提高。

案例思考：

结合所学知识，分析现代物流信息技术对打赢现代化战争的重要性。

# ◯ 项目八 探寻电子商务下的物流客服

## ◎ 知识目标

1. 掌握物流客户服务的概念
2. 掌握与客户有效沟通的技巧

## ◎ 能力目标

1. 能与客户进行有效的沟通
2. 能针对不同类型的客户需求，利用专业技巧有效解决客户投诉问题

## ◎ 素养目标

1. 与客户进行有效的沟通，捕捉不同类型客户的需求
2. 塑造良好的物流客服人员职业形象和职业道德素质
3. 培养学生创新、锐意进取、勇于探索的时代精神

## ◎ 案例导入

### 亚马逊寄错包裹后说“我们不要了！”

最近英国有位少年很是烦恼。近一周他陆续收到 50 多个来自亚马逊寄错给他的包裹。忐忑之下，他给亚马逊的客服打了电话。亚马逊客服表示对此并不知情，并对少年说：“对不起，是我们弄错了，给您寄了那么多，给您添麻烦了，还有就是您就全部留下吧，我们不要了！”这 50 多个包裹总价值超过 3 600 英镑，包裹里面有三星 55 寸 3D液晶电视、三星平板、书架、索尼PSP、婴儿手推车、剃须刀、各种玩具等。

少年感到很莫名其妙，望着门外一堆的盒子，也不敢拆不敢用。如果拆了，亚马逊要不要他的钱，万一不认账了怎么办？关键问题是，这些东西虽然都是亚马逊的包裹，但都是从英国各地个人那里寄来的，这到底是怎么回事？少年很是疑惑，于是又联系到亚马逊的客服人员，让他们调查下这到底是什么原因。经过调查，他们查出了原因。原来，亚马逊在客户退货要打印的标签地址上，将本来应该接收退货的仓库地址错写成了少年家里的地址。于是，这些要退回仓库的货物就统统发到了少年家里。最后亚马逊表示，这些包裹都是少年的了，给他添麻烦了。

**问题：**

1. 亚马逊寄错包裹后，客户服务人员是如何处理的？
2. 为什么亚马逊寄错包裹后不要那些包裹了？

# 任务一 认识物流客户服务

## ➢ 任务情景

李强和刘可到物流公司客服中心实习的第一天，关喆经理带着他们参观，关喆经理介绍道，物流客户服务这个职位在企业中是非常重要的，它代表了企业的形象，是战场上的前线，不仅关乎着自身的成长，更关乎着企业的发展。在客服中心，他们看到员工们戴着耳机坐在电脑前，灵巧的双手不停地在键盘上飞舞着，及时地回答着客户的问题。此时，李强和刘可心中在想：我能做些什么呢？

## ◎ ➢ 任务目标

1. 掌握物流客户服务的含义和内容
2. 能正确地进行客户服务

## ➢ 知识准备

### 一、电子商务下物流客户服务的含义

狭义的客户，是指市场中广泛存在的对企业产品和服务有需求的个体或群体消费者。广义的客户，除狭义的客户外，还包括服务，是指为满足客户的需求和预期的要求，企业为他人提供的一切活动，包括企业的上游供应商、下游分销商以及企业内部下属的不同职能部门、分公司等分支机构。

物流客户服务，是指物流企业为了满足客户（内部客户和外部客户）的物流需求，开展的一系列物流活动的过程。

### 二、电子商务物流客户服务的内容

对电子商务时代下的物流企业而言，客户服务是为提高客户满意度（产品和服务满足客户期望的程度）而进行的一系列活动。客户满意度提高了，客户才有可能成为企业的忠实客户。客户服务贯穿于物流活动全过程。因此，物流客户服务的内容可以大致划分为交易前的客户服务、交易中的客户服务、交易后的客户服务。

交易前的客户服务是指物流企业在产品销售前为客户提供的各种服务内容，如制定和宣传客户服务政策，完善客户服务组织，整理、完善客户档案，使之能够按照客户的要求提供各种形式的帮助。

交易中的客户服务是指在将产品从供应方向客户实际运送过程中提供的各种服务内容，如存货水平、订货信息、订货周期、快速装运、特殊运输处理、系统准确性、订货便利性以及商品替代性等。这些服务与客户有着直接的关系，并且是制定客户服务目标的基础。因此，这些服务对客户满意程度具有重要影响。

交易后的客户服务是指产品销售和运送后，根据客户要求所提供的后续服务及增值服务，如设备安装、产品包装、产品质量保证、售后维修及维护、零配件供应、产品质量跟踪、处理客户投诉及退货等。

## ➢ 任务实施

李强和刘可在关喆经理介绍后，对电子商务物流客户服务有了更深层次的认识，此时他们都想体验下客服代表这一岗位。关喆经理告诉他们："等你们考试合格后就可以上岗，现在你们可以想象下自己就是本公司的客服代表，练习下如何与客户沟通。"

客户李杉需要通过河南豫鼎物流有限公司发一套桌椅，寄给他的一位成都朋友。下面是客户李杉与河南豫鼎物流有限公司客户服务人员的对话：

客服代表：您好，感谢致电河南豫鼎物流有限公司，0001 号很高兴为您服务，请问有什么可以帮您?

客户：我要发一件货。

客服代表：先生，您好，请问您贵姓?怎么称呼您?

客户：我姓李，李杉。

客服代表：请问是木子李的李，山水的山吗?

客户：是木字旁的杉。

客服代表：李先生您好，请问您要发什么物品，到什么地方?

客户：我要发一套桌椅到成都。

客服代表：李先生，请您告诉我取件的地址、时间、联系电话。

客户：优胜北路3号，上午11点，我的电话是××××××。

客服代表：李先生，您的要求我已记录好，我们上午 11 点前会到优胜北路 3 号取件，请问还有其他能帮到您的吗?

客户：请问运费是多少?

客服代表：运费是这样的，重货 1.65 元/千克，轻货 363 元/立方米，最低一票45元。

客户：好的，谢谢！

客服代表：不客气，请问您还有其他的问题吗？

客户：没有了，谢谢！

客服代表：好的，非常感谢您的来电，祝您生活愉快！

## ◎ 任务评价

同学们，这次任务完成的情况如何？让我们从三个方面对这次任务的质量做一个评价，并将具体评价结果填写在表8–1、表8–2中。

**表8–1 任务执行情况评价表**

| 自我评价（占20%） | | |
| --- | --- | --- |
| **主要评价内容** | **分值** | **得分** |
| 本次沟通是否成功 | 5 | |
| 是否及时有效地解决了客户的问题 | 5 | |
| 是否使用了服务用语 | 10 | |
| 合计 | 20 | |
| 小组评价（占30%） | | |
| **主要评价内容** | **分值** | **得分** |
| 是否积极参与了小组的活动，并对小组任务完成做出了贡献 | 10 | |
| 是否遵守小组的纪律，并听从小组安排 | 10 | |
| 沟通是否顺畅 | 10 | |
| 合计 | 30 | |
| 教师评价（占50%） | | |
| **主要评价内容** | **分值** | **得分** |
| 是否具有客户服务人员的基本素养 | 25 | |
| 沟通过程中是否使用标准服务敬语 | 25 | |
| 合计 | 50 | |
| 评语 | 教师签名：<br>年 月 日 | |

表8-2　教师评语及其个人总结

| 项目 | | 内容 |
|---|---|---|
| 评语 | | 教师签名：<br>年　　月　　日 |
| 总结 | 学习收获 | |
| | 学习不足 | |
| | 如何改进 | |

## ◎ 拓展提升

电子商务时代下，物流企业为了提高服务水平，利用了一些网络工具来支持物流客户服务工作。

1. 建立个人网页

物流企业会允许客户在其网站上建立自己的个人网页，页面上可以记录客户的个人喜好和购买记录情况等，客户也能及时获取企业新产品信息及相关动态等。

2. 建立客户数据库

通过客户提供的数据信息，利用客户关系管理（Customer Relationship Management，CRM）软件进行差异性分析，从而对客户进行管理，不断开发新的客户；同时能够通过客户数据了解市场行业及需求的变化情况，进而及时调整营销方案，有效防止客户流失。

3. 即时信息

即时信息是指可以在线实时交流的工具，也就是通常所说的在线聊天工具。它以网络为基础，允许交互双方即时地传送文字、语音、视频等信息，并能够跟踪网络用户的在线状态，是电商物流客户服务必不可少的应用工具之一。该软件即时地解决了客户的各种问题，便利了客户，是客户与企业之间良好的沟通平台，能够极大地提高电商物流客户满意度。

4. 常见问题解答（Frequently Asked Questions，FAQ）

FAQ主要是为客户提供有关产品、公司情况等常见问题的现成答案。它既能够引发那些随意浏览者的兴趣，也能帮助有目的的顾客迅速找到他们所需要的信息，获得常见问题的现成答案。

5. 电子邮件与自动应答

电子邮件是成本最低的沟通方式。通过客户注册，企业可以建立电子邮件列表，定期向客户发布企业最新信息，加强与客户的联系。企业站在客户的角度发送企业信息邮件，并利用自动应答等程序，能够缓解个别客户的着急情绪，从而提供更好的客户服务。

6. 帮助桌面与呼叫中心

物流企业网站界面上设置帮助桌面信息，客户能基于帮助桌面，通过电话、邮件、传真、即时消息等与物流企业进行良好的沟通。

## 想一想

### 破损的灯罩

张先生在某网上商城下单购买了抽屉柜、壁灯等产品。商品送来后，张先生发现其中的灯罩有破损。

为此，他立即与客服取得联系，在客服的要求下张先生提供了产品损坏的照片。随后，客服答应调换，但表示需要消费者在电商平台上进行退款，然后重新下单，再由他们安排人员重新送货上门并进行安装。

张先生说："我重新下单后，物流显示已经发车，但两天后货物竟然仍在发货地。"为此张先生持续与商家的客服沟通。客服表示："我会打电话跟踪，先确认是否发车，再确认货物具体在哪里，什么时间到达，中转需要几天，然后记录下反馈信息并转告您。"

谁料商家承诺尽快配送商品后，张先生却接到了一波新的"骚扰"电话。张先生表示："一会儿是物流公司，一会儿是商家客服，让我不停地确认送货、取货时间。还要我反复打多个电话进行协调送货、安装等事宜。总之，整个退换货周期过长，退换货流程较为烦琐，物流服务真的非常不到位！"

**思考：**

针对此事，你认为最理想的退换货流程是什么？客服人员的处理方式是否恰当？

## ◎ 豁然开朗

通过学习，李强和刘可对电商物流客户服务有了全面的认识。他们认识到不仅要掌握电商物流方面的专业知识，还要学会怎样与人沟通，以前的想法看来真的有些眼高手低了，以后要多向有经验的前辈学习，不断提升自己，努力成为一名优秀的客服人员。

# 任务二　认识客户投诉

## 任务情景

实习已经有一段时间的刘可最近有些低落，原来这几日刘可经常接到客户的投诉。无论刘可怎么解释，客户还是不依不饶地提出各种为难的问题，让刘可一筹莫展。刘可在想，客户投诉不仅关乎企业的形象，也关乎自己这个月末的考核成绩，怎样才能尽快解决客户投诉的问题呢？

## ◎ 任务目标

1. 掌握电商物流客户投诉的原因
2. 能正确处理客户的投诉

## 知识准备

### 一、客户投诉

客户投诉是指客户对企业产品质量或服务不满意而提出的书面或口头上的异议、抗议、索赔和要求解决问题等行为。

### 二、电商物流客户投诉的原因

#### 1. 企业方面原因

（1）服务或产品的质量存在问题。除了产品质量问题外，服务质量问题成了客户投诉最主要的原因。在服务过程中让客户等待过久，结算错误，没有使用标准服务用语，查询货物时互相推诿，不接受查询等都是造成客户不满意，产生抱怨的原因。

（2）企业管理不善。企业管理不善是客户投诉最多的原因。例如，客户资料管理不善，导致信息泄露；没有合理安排车辆路线，导致绕道运费过高；有单没货，有货没单；丢货少货，造成客户损失等。

（3）增值服务少。增值服务是指独特的或者特别的活动，使物流服务供需双方能够通过共同努力提高效益和效率。电商物流企业在产品销售渠道及原材料供应渠道，应提供针对不同客户的不同服务，以提高客户的满意度，减少客户的投诉情况。

#### 2. 客户方面原因

（1）客户的个性特征原因。在客户服务的过程中，会遇到一些个性特征鲜明的客户，利用其自身的权利，稍有不满，不管是哪方责任，就会拿起电话进行投诉。又或者是客户自身操作失误，导致转嫁给企业方。

（2）客户的经济原因。客户因经济状况原因，有时会对企业或者客服代表提出一些无理要求，来达到他们的目的。

3. 政府监管和不可抗力因素

（1）政府监管原因。物流法规不完善，政府政策支持力度不够，导致物流客服代表没有和客户达成一致，致使客户因不满意而进行投诉。

（2）不可抗力因素。天气、自然灾害、战争、交通事故等不可抗力因素，都会导致客户对企业进行投诉。

## 三、如何解决客户的投诉

1. 正确认识客户的投诉

当客户进行投诉时，说明企业某一方面没有让客户满意，这也使得企业可以通过改进不足来不断进步。客户在投诉时与企业沟通，这也是企业维持老客户的契机，一旦客户成为企业忠诚的客户，就会为企业带来更多新的客户，所以说客户投诉隐藏着无限商机，我们要正确对待客户的投诉。

2. 了解分析客户投诉心理

（1）期待解决问题。当企业无法满足客户的期望时，客户会失望，会导致心理不平衡，由此产生抱怨，想要企业给个说法。企业在此服务阶段，应密切联系相关部门，在客户容忍的时间内确定问题的解决方案，并及时与客户联系。

（2）渴望得到尊重。有些客户自尊心特别强，容不得别人说自己的缺点，他们认为通过投诉可以受到关注和认同，从而得到一定的尊重。这类客户感情丰富、心思细腻、坚持己见，同时也希望对方理解和肯定。

（3）希望得到补偿。客户在服务过程中，认为自己的权益受到损害，投诉时希望能得到一定的补偿。而这种补偿的要求，不仅是财产上的补偿，还包括精神上的补偿。实践中，有很多投诉是由于客户误解或者不慎导致的，企业在与客户沟通时应尽量安抚客户情绪，耐心倾听。

（4）发泄心理。客户带着不满和怨气进行投诉时，有可能只是为了发泄不满情绪，通过释放怨气来维持心理上的平衡。企业在处理这类心理的客户时，应当耐心倾听，以恰当的言语和和善的态度来安抚客户，分清楚责任后给予客户合理的解释。

（5）报复心理。客户投诉过程中，当企业给予的结果与自己的期望相差较大，或是客户在宣泄过程中受阻或受到新的伤害时，某些客户可能会产生报复心理。这类客户情绪较为激动，喋喋不休，不计较个人得失，只想让对方不好受。企业服务人员的耐心尤为重要，耐心倾听后通过各种方式让双方沟通恢复理性；而对于极少数极端客户，留意并保留相关证据，适当提醒客户冷静处理。

3. 解决客户投诉的方法

(1) 善于倾听。认真倾听客户的投诉或抱怨，并表示出谦让的态度接受客户投诉，引导客户讲出投诉原因，注意客户的语调和音量，有助于客服人员了解客户的内在情绪，便于针对问题进行解决。客服人员待客户叙述完，复述其主要内容并征询客户意见。

(2) 认同客户的感受。客服人员要明白客户抱怨发火不是对个人的不满，而是将服务人员当作倾诉对象。客服人员要有换位思考的意识，可以用恰当的表达方式认同客户的感受，如“此时我非常理解您的感受”“是的，谁遇到这种情况都不会开心的”。

(3) 有技巧地提问。客户抱怨过程中，客服人员需要通过有技巧的提问，了解客户投诉的真正原因。在提问的同时，客服人员还要做好记录，便于思考和保存。提问时，服务人员要多用开放式、服务型问题提问，如“您看还需要我为您做些什么？”“这样可以吗？”；避免一些否定式提问、复合式提问、自问自答型提问，如“我想我做不了”“这不是我应该做的”。

(4) 承担责任并表示愿意提供帮助。客服人员在与客户沟通时，如果发现是企业方的失误，首先应代表企业表示道歉，并站在客户角度为其设计解决方案。但要注意的是，解决方案中绝不能包含自己权限之外或者企业制度不允许的内容。

(5) 解决问题。当客户情绪稳定，双方清楚问题的根源时，接下来就要解决问题。客服人员针对问题制定多套方案，可以选择自认为最佳的一套方案提供给客户，如果客户提出异议，可以提问方式征求客户的意见，尽量达成一致。对于不能及时解决的特殊问题，或者客服人员不知该如何为客户解决时，可以诚实地告诉客户情况的特殊性，并约定回复时间，在承诺的时间内解释问题的进展，并表明所做的努力。

(6) 适当补偿，跟踪服务。如果是因企业操作失误而导致客户投诉，在解决问题后可适当给予客户一定的补偿，并在一定时间内进行跟踪服务，了解客户的感受，表明企业的诚意和态度，以便在客户心中树立较好的企业形象。

## 四、安排退换货

在电子商务模式下，顾客无法看到实物，仅凭图片、文字描述就下单购买，收到实物后，可能会与心理的预想存在落差，因此电子商务的退货量比较大。对于电商物流客服而言，在了解问题的原因后，应针对问题提出解决方案，如无条件重新发货、赔偿损失、安排退换货等。客服还要有处理退货商品的能力，即将退货商品进行快速挑拣，保证可再销售的退货商品及时上架。

客服的退换货工作流程如图8-1所示。

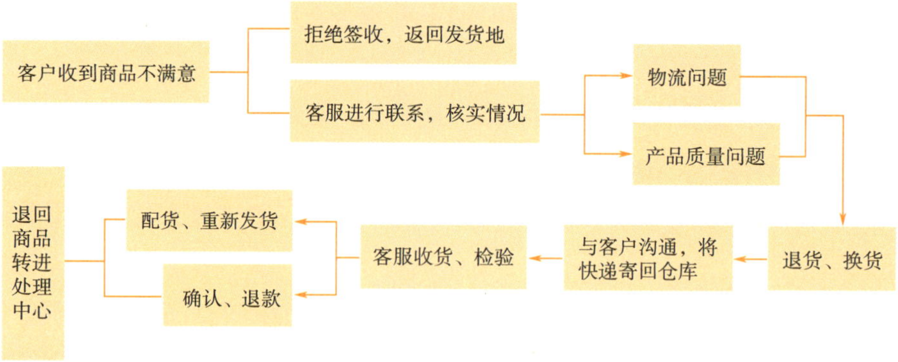


**图8-1　客服退换货工作流程**

1. 了解情况，分析客户退换货的原因

了解客户不满意的原因。当客户收到商品后表示不满意，提出商品退换货申请时，客服应及时进行沟通并了解原因，可以通过照片、视频等方式与买家核实情况，进一步分析客户退换货的原因。

2. 了解退换规定，接受客户的退换货

若符合退换货要求，客服直接同意退换货申请，及时为买家进行退换货处理并与客户协商将原商品寄回，同时属于企业责任的，需支付来回运费或视情况给买家支付补偿费用。

3. 跟踪处理退换货

客服人员负责跟踪查询物流情况，及时通知仓库收货，并将相关退货信息及时转交给仓库管理员。货物到达仓库后，协助仓库管理员对此批货物进行检查，核实是否与客户描述的情况一致，并对退货进行清点，确保退货数量；确认后将退货转移至指定区域。同时，客服还需要根据客户要求重新配货、发货或者进行退款处理等。

4. 对退回货物进行处理

若商品状况良好，不影响二次销售，可以经过处理再次入库。若客户对退换货的安排仍然提出异议，则应征求客户的意见，尽量达成一致。对于不能及时解决的特殊问题，或客服不知该如何解决时，可以诚实地告诉客户此情况的特殊性，约定回复时间并及时回复问题的进展，表明自己所做出的努力。

## ➢ 任务实施

在客户服务的过程中经常会遇到客户的投诉，如何找出客户的投诉原因，并解决客户的问题是关键。以下是某客户与客服李强之间的情景对话，刘可进行了观摩，觉得处理得很好。两人事后一起进行了总结。

发货后的第四天晚上 8 点，小刘着急地在屋中走来走去，心里想着：这批货应该到了，怎么到现在还没接到任何电话呢？如果没到，我可要损失一大笔的费用，这物流公司怎么这样，早知道不选这家了。不行，我要打电话投诉！

客服：您好，这里是××物流公司客户服务部，我是客服代表0001，很高兴为您服务，请问有什么可以帮到您的吗？

客户：你们是什么物流公司，发一批货，说好的次日到达，现在都几天了，货还没到。你们知不知道，这导致我损失一大笔订单的费用。我不管，你们要赔偿我的经济损失！

客服：先生，我不确定是否听明白了您的话，您是说，由于我们没有将您的货物按时送到指定地点，耽误了您的一笔生意，对吗？

客户：对，就是这么回事，今天你们得赔偿我这笔损失！

客服：非常抱歉，先生，给您添麻烦了，请您不要着急，我非常能理解您现在的心情，我们一定会竭尽全力解决问题的！

客户：这还差不多！

客服：非常感谢您的理解与支持，为了尽快帮您解决问题，以及尽快联系到您，您能方便提供下您的姓名和电话以及这批货物的运单号吗？

客户：××，电话号码是××××××，货物运单号是2022070112345。

客服：好的，先生，我们这边已经帮您登记了您所说的问题。请您不要担心，我们将尽快调查清楚您的货物的位置信息并第一时间将货物送到目的地。至于您说的赔偿问题，请您放心，您在我司运送货物时，我司已经与您签订了相关保障协议，待我们调查清楚货物推迟的原因，我们一定会给您一个合理的赔偿方案！请您放心，先生！

客户：希望能如你所说，如果事情解决不了，我会投诉你们公司的！

客服：先生，请您不要担心，我们一定会尽全力解决问题并第一时间通知您的，请您在此期间务必保持电话畅通。在此，我代表我司向您表示诚挚的歉意！

客户挂断电话。

任务练习：四人一组，一名学生扮演客户，一名学生扮演物流客服人员，拓展发挥并完成整个服务对话内容；另外两名学生作为观察员，结束后观察和指出二人练习做得好和不好的地方。教师针对训练情况进行考核和小结。

## ◎ 任务评价

同学们，这次任务完成的情况如何？让我们从三个方面对这次任务的质量做一个评价，并将具体评价结果填写在表8-3、表8-4中。

表8-3 任务执行情况评价表

<table>
<tr><td colspan="3">自我评价（占20%）</td></tr>
<tr><th>主要评价内容</th><th>分值</th><th>得分</th></tr>
<tr><td>本次沟通是否成功</td><td>5</td><td></td></tr>
<tr><td>本次沟通是否理解客户的需求</td><td>5</td><td></td></tr>
<tr><td>是否使用了服务用语</td><td>10</td><td></td></tr>
<tr><td>合计</td><td>20</td><td></td></tr>
<tr><td colspan="3">小组评价（占30%）</td></tr>
<tr><th>主要评价内容</th><th>分值</th><th>得分</th></tr>
<tr><td>是否积极参与了小组的活动，并对小组任务完成做出了贡献</td><td>10</td><td></td></tr>
<tr><td>是否遵守小组的纪律，并听从小组安排</td><td>10</td><td></td></tr>
<tr><td>是否使用服务敬语</td><td>10</td><td></td></tr>
<tr><td>合计</td><td>30</td><td></td></tr>
<tr><td colspan="3">教师评价（占50%）</td></tr>
<tr><th>主要评价内容</th><th>分值</th><th>得分</th></tr>
<tr><td>是否具有客户服务人员的基本素养</td><td>25</td><td></td></tr>
<tr><td>沟通过程中是否使用了专业技巧</td><td>25</td><td></td></tr>
<tr><td>合计</td><td>50</td><td></td></tr>
<tr><td>评语</td><td colspan="2">教师签名：<br>年 月 日</td></tr>
</table>

表8-4 教师评语及其个人总结

<table>
<tr><th colspan="2">项目</th><th>内容</th></tr>
<tr><td colspan="2">评语</td><td>教师签名：<br>年 月 日</td></tr>
<tr><td rowspan="3">总结</td><td>学习收获</td><td></td></tr>
<tr><td>学习不足</td><td></td></tr>
<tr><td>如何改进</td><td></td></tr>
</table>

## ◎ 拓展提升

### 处理客户投诉的原则和技巧

（1）处理客户投诉的原则：先处理心情，再处理事情。

（2）处理客户投诉的技巧如下：

①耐心听完客户的抱怨。

②不要感情用事，对事不对人。

③不要伤害客户的自尊心。

④必要时，转移注意力，改变人、地方、场所。

⑤第一时间处理问题。

⑥不逃避问题，勇于面对。

## ◎ 豁然开朗

李强和刘可通过实践后才明白，处理那些“烦人”的客户投诉不但需要有专业的理论知识，而且需要有好的技巧；自己以后要调整好心态，多加练习并善于总结，相信自己一定会做好这份工作的。

# 任务三　塑造良好的客户服务人员职业形象

## ➢ 任务情景

实习生李强和刘可，通过短暂的锻炼学习，对电子商务物流客户服务人员工作职责有了一定的认识，也学到了不少专业方面的沟通技巧。而关喆经理则告诉他们：要想成为一名优秀的物流客服人员，还得认真学习物流客服人员职业形象标准；物流客服人员不仅代表着个人形象，更代表着企业形象，是与企业一荣俱荣的。那么，怎么样才能树立良好的职业形象呢？

## ◎ ➢ 任务目标

1. 掌握电子商务物流客户服务人员职业形象标准

2. 能正确运用有效沟通的技巧

## ➢ 知识准备

### 一、标准的服务礼仪

（1）仪容仪表。客服人员是企业形象的代表。在与客户沟通时，客服人员的一言一行都直接影响着客户对企业的印象。因此，客服代表要仪表端庄，统一着装，使用标准的文明礼貌用语。

（2）声音表达。在声音表达方面，客服人员的音色要甜美，咬字要清晰，语速要适缓，音量要恰当，停顿要达意，用语要规范。

（3）电话礼仪如下：

①接听电话时：响铃三声之后接听电话，并报出自己的姓名和公司名称，询问对方需要什么服务，电话旁准备好纸笔以便于记录。如果电话接起较晚，要用道歉用语。为保证信息的准确性，必要时需向客户重复确认。通话时多使用礼貌用语。

②让客户等候时：需要让客户知道您让他等候的时间长短和原因，并且给予客户一定的选择权。

③转线时：除非情况特殊，否则不要将客户的电话转交给别人；如需转交，则要让客户知道将转接的人是谁，因为什么原因转交。

④结束通话时：结束前，询问客户看您还能为客户做些什么。要感谢对方的来电，让对方先挂电话。

（4）微笑服务。微笑服务不仅是脸上表情的显露，而且是与客户感情上的沟通，客户服务是来自内心的微笑、真诚的微笑、愉快的微笑。对于服务行业，微笑显得尤为重要。

## 二、专业的服务技能

（1）语言表达能力。语言表达能力包括口头表达能力和书面表达能力。较好的语言表达能力有助于沟通的顺利进行，往往能取得事半功倍的效果。客服人员的工作就是天天与客户沟通，对客户提出的各种问题进行解答，因此优秀的客服人员必须具备良好的语言表达能力。

（2）业务处理能力。电商物流客服人员应掌握基本的业务处理能力，如订单的咨询、订单的填写、客户建档、客户的跟踪回访、客户的投诉处理等，能熟练高效地处理客户的各种要求，节约客户的等待时间，为企业树立高效率的服务形象。

（3）沟通能力。优秀的客服人员应具备良好的沟通能力。良好的沟通能力不仅是与客户良好沟通的桥梁，也是个人绩效考核及职业发展的重要因素。

## 三、高尚的职业道德

（1）爱岗敬业，有责任心。客服人员要有强烈的责任心，端正的服务态度，耐心细致、专业服务、立足本职、不卑不亢，做事恰当有分寸，充分展示出企业的良好形象。

（2）谦虚诚实，注重承诺。客服人员要谦虚诚实、尊重客户、注重承诺，树立客户至上、信用第一的服务意识，服从大局，密切配合各相关部门及人员，积极完成各项工作任务。

（3）宽容善良，有同理心。客服人员要站在客户的角度考虑问题，有同理心，用宽阔的胸怀去包容，保持平和的心态。

（4）积极热情，不断学习。客服人员要发自内心地将客户当成自己的朋友或者需要帮助的人，以热情的态度，提供贴心的服务，为客户解决问题。同时，要熟悉当前工作流程，从他人身上学习经验，弥补自身服务工作的不足，不断提升专业形象。

## ➢ 任务实施

实习生刘可在接听电话，李强在旁边进行观摩学习，时刻注意接听电话礼仪，事后进行探讨：接听的服务流程及注意事项有哪些，怎样树立良好的客服人员形象？

**情景一**

客户：是××快递公司吗？

客服人员：是，什么事？

客户：说好的送货上门的，为什么你们的快递员还要我下楼去取？

客服人员：你说的这种情况是不可能的，如果出现一定是有别的原因的。

客户：什么不可能，事实就是这样，难不成我还捏造？

客服人员：可能是快递员怕其他快件丢的缘故。

客户：我才不管你们丢不丢，我是付过钱的……

**情景二**

客服人员：您好，欢迎致电××快递公司客服部，工号00032客服代表为您服务，请问有什么可以帮您？

客户：是××快递公司吗？

客服人员：您好，这里是××快递公司，很高兴为您服务。

客户：说好的送货上门的，为什么你们的快递员还要我下楼去取？

客服人员：很抱歉给您带来不便，我很理解您的心情，请您先不要着急，麻烦提供一下您的订单号，我帮您具体查询下什么缘由，好吗？

客户：我的订单号是××××××。

客服人员：好的，5分钟后给您回电可以吗？

客户：那行吧！

客服人员：先生，请问来电号码是否能够联系到您呢？我怎么称呼您？

客户：我姓×，这个号码能联系到我，你快点吧！

客服人员：好的，×先生。

5分钟后客服人员给客户回电。

客服人员：×先生，您好，十分抱歉发生这样的事情，给您带来麻烦了。我刚查询并核实了相关情况，×快递员这种行为确实违反了我们公司的规定，感谢您的反馈，我们马上联系其他的快递员给您送上楼去，您看可以吗？

客户：行吧，以后不要再出现这种情况了！

客服人员：好的，非常感谢您的理解，祝您生活愉快！

## ◎ 任务评价

同学们，这次任务完成的情况如何？让我们从三个方面对这次任务的质量做一个评价，并将具体评价结果填写在表8-5、表8-6中。

表8-5　任务执行情况评价表

| | | |
|---|---|---|
| 自我评价（占20%） | | |
| **主要评价内容** | **分值** | **得分** |
| 是否进行有效沟通 | 5 | |
| 是否使用服务用语 | 5 | |
| 是否使用专业的沟通技巧 | 10 | |
| 合计 | 20 | |
| 小组评价（占30%） | | |
| **主要评价内容** | **分值** | **得分** |
| 是否积极参与了小组的活动，并对小组任务完成做出了贡献 | 10 | |
| 是否遵守小组的纪律，并听从小组安排 | 10 | |
| 是否具备良好的职业道德素养 | 10 | |
| 合计 | 30 | |
| 教师评价（占50%） | | |
| **主要评价内容** | **分值** | **得分** |
| 是否及时有效解决客户的问题 | 25 | |
| 沟通过程中是否使用了服务用语 | 25 | |
| 合计 | 50 | |
| 评语 | 教师签名：<br>年　月　日 | |

表 8-6　教师评语及其个人总结

| 项目 | | 内容 |
|---|---|---|
| 评语 | | 教师签名：<br>年　　月　　日 |
| 总结 | 学习收获 | |
| | 学习不足 | |
| | 如何改进 | |

## ◎ 实战训练

### 一、语言表达技巧练习

请针对自身的经历，说一件最令自己难忘的事情（5分钟展示）。

### 二、同理心练习

根据下面描述，作为他的同学你应怎么对他说？

他说：班上秩序不好，老师怪我不负责，要我将不守规矩的同学报告给他，可是那些同学受处罚后，都骂我多管闲事，马屁精。到底要怎样做才好？

### 三、沟通技巧练习

遇到客户讲方言无法听懂时，作为客服人员的你应怎样用服务用语回答客户。

## ◎ 豁然开朗

李强和刘可此时认识到，一名优秀的客服人员不仅应具有较好的语言能力、专业技能，还应具备高尚的职业道德，在遇到投诉、抱怨的客户时，应具有同理心，短时间内尽量安抚客户，帮助解决其问题。

## ◎ 应用训练

### 开展物流客户服务工作

近期刘女士在某商城购买了一批幼儿图书，收到货物后，却发现这不是自己需要购买的相关图书，而且包装受损很严重。刘女士感到很郁闷，便立即与商城的客服取得联系。

第一步：售后客服在线服务，了解情况，为客户提出解决方案。

第二步：客服做好物流售后确认工作。

客服通知仓库重新配货发货，并及时查看该退换货订单的物流情况。在得知退回的货物到达仓库后，核实退货订单信息、数量等。

第三步：对被退回的货物进行处理。

将包裹上的退货标签的信息输入系统，由系统自动生成退货清点标签，并将退货清点标签贴在退货上。然后，根据退货清点标签上的信息填写退货收货记录表，再根据退货收货记录表和退货清点标签复核客户名称、退货单号、件数等货物信息。

第四步：登录后台操作系统，开始清点操作流程，如图8–2所示。

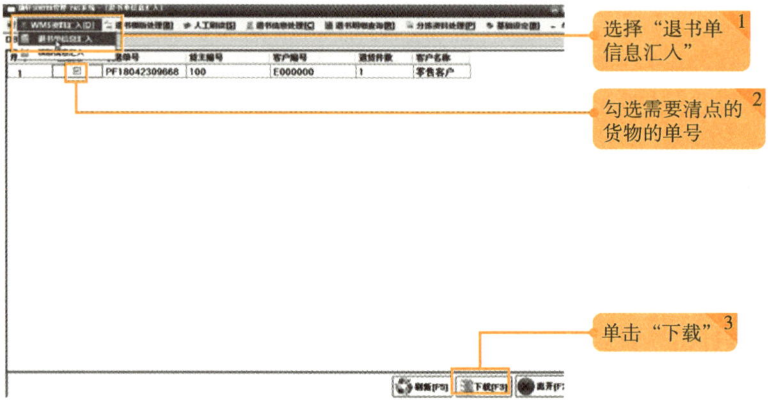


图8–2　登录后台操作系统

第五步：登录“前台退书系统”。

首先，将退货清点标签放到扫码器上刷读。

其次，清点包裹中的产品，进行品质检查。

最后，对没有瑕疵的图书进行退货处理，具体操作如图8–3所示。

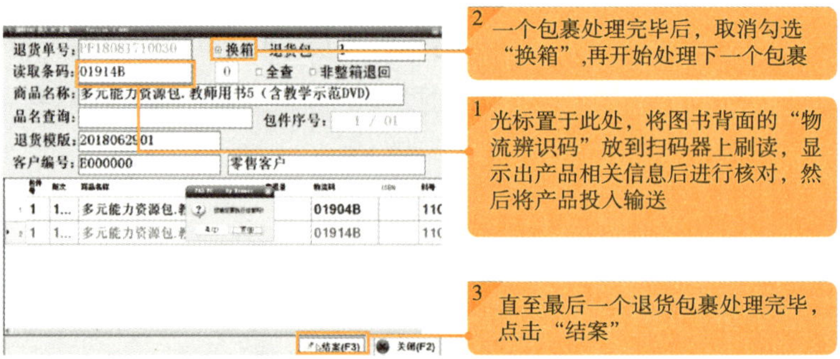


图8–3　处理没有瑕疵的图书

第六步：登录“后台操作系统”，处理有瑕疵的图书，具体操作如图8–4所示。

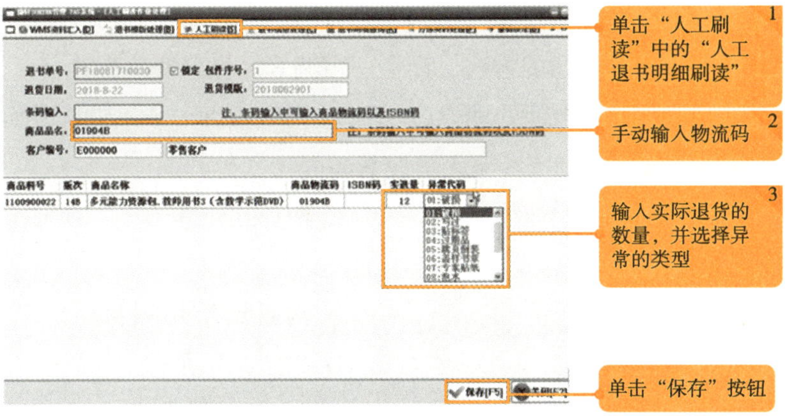


图8-4　处理有瑕疵的图书

第七步：将退书信息上传仓储管理系统至（Warehouse Management System，WMS），具体操作如图8-5所示。

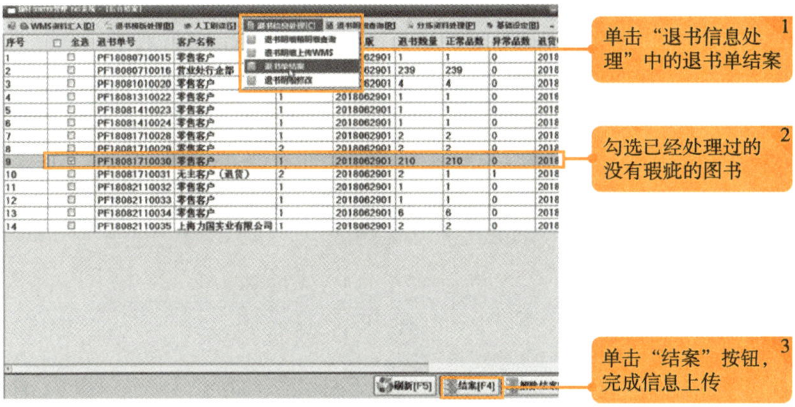


图8-5　上传信息至仓储管理系统

第八步：打开WMS，确认退货。

打开WMS→退货管理→收退单确认，选择需要退换的货物。

## ◎ 学后测评

### 一、判断题

1. 客户服务包括客户和企业的客户服务部门。（　　）
2. 铃响三声以内，接听电话。（　　）
3. 一般来讲，服务一开始时，客服人员应多使用开放式问题。（　　）
4. 高效沟通的三原则之一是积极倾听。（　　）
5. 接听电话过程中不需要养成复述的习惯。（　　）

## 二、不定项选择题

1.（　　）时，要注意说话的方法、声音、声调等，做到明确有礼。

A. 信函投诉　　B. 电话处理投诉　　C. 网络投诉　　D. 当面投诉

2. 处理订单咨询业务是物流客服人员应具备的（　　）。

A. 服务礼仪　　B. 职业技能　　C. 职业通用能力　　D. 职业素质

3. 以下说法正确的是（　　）

A. 沟通不需要形成协议　　B. 沟通要有明确目标

C. 沟通的内容仅仅是信息　　D. 以上都不是

4. 接听客户来电时，客服人员需使用的统一服务问候语是（　　）。

A. 您好，××公司，请问有什么可以帮您　　B. 谢谢您的来电，再见

C. 您好，有什么可以帮到您　　D. 您好

5. 在与客户通话时，下列行为中正确的是（　　）。

A. 哗哗翻纸　　B. 吃东西

C. 与身边的人说话　　D. 做电话记录

6. 电子商务环境下物流客户服务的内容有（　　）。

A. 交易前的客户服务　　B. 交易中的客户服务

C. 交易后的客户服务　　D. 综合交易的客户服务

7. 以下语言符合客服人员交谈的是（　　）。

A. 能不能请您……　　B. 你应该……

C. 如果我是您的话……　　D. 我觉得……

8. 客户服务是一个过程，它具有经营管理的功能，属于（　　）的工作。

A. 经常性　　B. 计划性

C. 偶然性　　D. 短期性

9. 下列属于为企业客户提供的增值服务范畴的是（　　）。

A. 上门派送　　B. 短信提醒　　C. 代收货款　　D. 网络主动查询

10.客服人员服务时应做到（　　）。

A. 语气谦和　　B. 语音清晰　　C. 语速适中　　D. 音量适度

## 三、思考题

1. 为提高服务水平，还可以利用哪些网络工具来支持？

2. 处理客户投诉的方法有哪些？

3. 客户服务礼仪有哪些？

4. 客户等候过久时，客服人员应怎样对客户说？

5. 处理客户投诉时需要注意哪些问题？

**四、案例分析**

客户：哎！我的股票红利怎么还没有到账？为什么人家证券公司的到账了，你们证券公司的还不到账呢？

客服代表：这只股票红利发放日是今天，你要明天才可以在您的账户上面查询到。

客户：为什么？交易所公布今天发放，为什么你们明天才给我呢？你们现在必须给我！

客服代表：你理解有错误，今天是红利发放日，但钱是明天才能到你账上的，因为我们要清算。你明天查一下就可以了。

客户：既然叫红利发放日，不就是今天发放嘛，为什么要等到明天呢？这不是要少给我利息吗？

客服代表：红利发放日指的是……

客户：这是你们自己规定的还是证监会规定的？

…………

（客户和客服代表争吵起来）

案例思考：

1. 如果客户错了，客服代表要与客户争辩是非，直到客户认识到自己错了吗？

2. 本案例中，客户与客服代表沟通不畅，问题出在哪？

3. 如果你是客服代表，该如何解决客户的问题？

# ◎项目九 电子商务下的物流法律制度

## ◎ 知识目标

1. 了解我国电子商务环境及有关的法律制度
2. 了解我国物流法律制度的现状及有关的法律制度
3. 掌握我国物流法律仓储、运输和配送法规的相关内容

## ◎ 能力目标

1. 能利用所学的法律知识对电商物流过程中的风险做出判断
2. 能够观察和剖析物流经营者是否履行基本法律义务
3. 能够灵活运用所学的相关法律知识解决实际问题

## ◎ 素养目标

1. 培养在物流行业诚实守信、合法合规的经营意识
2. 树立个人隐私保护的意识，培养学生处理公司日常法律事务的能力

## ◎ 案例导入

### 电子签名案

**案情简介：**

2024 年 2 月，杨先生结识了韩女士。同年 8 月 27 日，韩女士发短信给杨先生，向他借钱应急，短信中说："我需要 5 000 元，刚回北京做了眼睛手术，不能出门，你汇到我卡中。"杨先生随即将钱汇给了韩女士。一个多星期后，杨先生再次收到韩女士的短信，又借给韩女士 6 000 元。因都是短信来往，二次汇款杨先生都没有索要借据。此后，因韩女士一直没提过借款的事，而且又再次向杨先生借款，杨先生产生了警惕，于是向韩女士催要。但一直索要未果，于是起诉至海淀法院，要求韩女士归还其 11 000 元，并提交了银行汇款单存单两张。但韩女士却称这是杨先生归还以前欠她的欠款。

为此，在庭审中，杨先生在向法院提交的证据中，除了提供银行汇款单存单两张外，还提交了自己使用的手机号码为"1391166××××"的飞利浦移动电话一部，其

中记载了部分短信息内容。例如，2024 年 8 月 27 日 15：05，那就借点资金援助。2024 年 8 月 27 日 15：13，你怎么这么实在!我需要 5 000 元，这个数不大也不小，另外我昨天刚回北京做了眼睛手术，现在根本出不了门，见人都没法见，你要是资助就得汇到我卡中。

后经法官核实，杨先生提供的发送短信的手机号码拨打后接听者是韩女士本人。而韩女士本人也承认，自己从去年七八月份开始使用这个手机号码。

法庭判决如下：

法院经审理认为，依据《最高人民法院关于民事诉讼证据的若干规定》中关于承认的相关规定，“1391173××××”的移动电话号码是否由韩女士使用，韩女士在第一次庭审中明确表示承认，在第二次法庭辩论终结前韩女士委托代理人撤回承认，但其变更意思表示未经杨先生同意，也未有充分证据能证明其承认行为是在受胁迫或者重大误解情况下作出，原告杨先生对该手机号码是否为被告所使用不再承担举证责任，而应由被告对该手机其没有使用过承担举证责任，而被告未能提供相关证据，故法院确认该号码系韩女士使用。

依据《中华人民共和国电子签名法》(简称《电子签名法》) 的规定，电子签名是指数据电文中以电子形式所含、所附用于识别签名人身份并表明签名人认可其中内容的数据。数据电文是指以电子、光学、磁或者类似手段生成、发送、接收或者储存的信息。移动电话短信息即符合电子签名、数据电文的形式。同时，移动电话短信息能够有效表现所载内容并可供随时调取查用；能够识别数据电文的发件人、收件人以及发送、接收的时间。经本院对杨先生提供的移动电话短信息生成、储存、传递数据电文方法的可靠性，保持内容完整性方法的可靠性，用以鉴别发件人方法的可靠性进行审查，可以认定该移动电话短信息内容作为证据的真实性。根据证据规则的相关规定，录音录像及数据电文可以作为证据使用，但数据电文可以直接作为认定事实的证据，还应有其他书面证据相佐证。

从韩女士向杨先生发送的移动电话短信息内容中可以看出：2024 年 8 月 27 日韩女士提出借款5 000元的请求并要求杨先生将款项汇入其卡中；2024年8月27日韩女士向杨先生询问款项是否存入；2024 年 8 月 27 日中国工商银行个人业务凭证中显示杨先生给韩女士汇款5 000元；2024年9月4日韩女士提出借款6 000元的请求；2024年9月4日韩女士向杨先生询问款项是否汇入；2024年9月4日中国工商银行个人业务凭证中显示杨先生给韩女士汇款6 000元；2024年9月15日至2023年1月韩女士屡次向杨先生承诺还款。

杨先生提供的通过韩女士使用的手机号码发送的移动电话短信息内容中载明的款项往来金额、时间与中国工商银行个人业务凭证中体现的杨先生给韩女士汇款的金额、时间相符，且移动电话短信息内容中也载明了韩女士偿还借款的意思表示，两份证据之间相互印证，可以认定韩女士向杨先生借款的事实。据此，杨先生所提供的手机短信息可以认定为真实有效的证据，证明事实真相，本院对此予以采纳，对杨先生要求韩女士偿还借款的诉讼请求予以支持。

**问题：**

（1）从此案法官判决中可以看出，法官引用了《电子签名法》中的规定，您认为在此案中，手机短信是否能作为证据？

（2）如何来确定短信的法律效力？

## 任务一　电子商务法和物流法概述

### 任务情景

通过激烈的竞争，小茜以优异的表现从众多应聘者中“杀出重围”，脱颖而出，被顺丰北京分公司录用，安排到法律部实习三个月。小茜在法律部实习期间一方面要将学校学到的理论知识和实践知识相结合，另一方面要协助部门领导和同事处理经营过程中出现的各种棘手的法律问题。小茜能不能面对压力，迎接挑战，顺利完成实习工作呢？

### 任务目标

1. 掌握电子商务法的概念和特征
2. 能利用所学知识对工作中存在的风险进行分析和判断

### 知识准备

#### 一、电子商务法的概念、特征及调整对象

广义的电子商务法包括了所有调整以数据电文方式进行的商事活动的法律规范，其内容十分丰富，至少可分为调整以电子商务为交易形式和以电子信息为交易内容的两大类规范。狭义的电子商务法，仅指调整以数据电文为交易手段而形成的因交易形式所引起的商事关系的法律规范体系。

电子商务法作为商事法律的一个新兴领域，与其他商事法律相比较，具有以下法律特征。

1. 商法性

商法是规范商事行为运作和商事主体的法律规范。行为法主要实行自由主义，其规定原则上属于任意性规范；而组织法则实行严格主义，其规定原则上属于强制性规范。电子商务法主要属于行为法，如数据电文制度、电子签名及其认证制度、电子合同制度、电子信息交易制度、电子支付制度等。但是，电子商务法也含有组织法的内容，如认证机构的设立条件、管理、责任等就具有组织法的特点。

2. 技术性

在电子商务法中，许多法律规范都是直接或者间接地由技术规范演变而成的。一些国家将运用公开密钥体系生成的数字签名规定为安全的电子签名，如新加坡的《电子交易法》等。这样就将有关公开密钥的技术规范转化为法律要求，对当事人之间的交易形式和权利义务的行使产生极其重要的影响。另外，电子商务的全球性特点导致全球电子商务主体必须遵守统一的技术标准，如网络协议的技术标准，当事人若不遵守，就不可能在开放环境下进行电子商务交易。所以，技术性是电子商务法的重要特点之一。技术规范的强制力源于其客观规律性，它是当代自然法的主要渊源，理想化的实证只能接受，以增加其社会适应性。

3. 开放性和兼容性

Internet是多种技术集成的成果，它容纳了各国的信息资源，遍布世界各个角落，因此电子商务立法必须考虑网络的这种特征，坚持开放与兼容的原则，实现法律与网络的有机配合，为电子商务创造良好的发展空间。所谓开放性，是指电子商务法要对世界各地区、各种技术网络开放；所谓兼容性，是指电子商务应适应多种技术手段、多种传输媒介的对接与融合。只有坚持这一原则，才能实现世界信息网络资源的共享，保证各种先进技术在电子商务中的及时应用，更好地促进一个国家融入到世界电子商务的大潮中。

4. 复合性

电子商务行为需要大量的外力介入，即第三方的技术及交易平台服务等。首先，由于技术手段上的复杂性，需要第三方提供技术服务。其次，由于交易关系的复杂性，当事人必须在第三方的协助下完成交易活动。比如，在合同的订立中，需要有网络服务商提供接入服务，有认证机构提供数字证书等。即便在非网络化的、点到点的电子商务环境下，交易人也需要通过电话、电报等传输服务来完成交易。最后，在线合同的履行也离不开第三方的参与。实际上，每笔电子商务交易的进行，都必须以多重法律关系的存在为前提，这是传统口头或纸面条件下所没有的。一般来说，相比传统交易手段而言，在线交易应由银行等金融机构、认证机构、符合法律规定的交易平台或者网络服务提供商、货物配送机构等服务提供者来完成，交易的复合性极强。

电子商务法是调整以数据电文为交易手段而形成的商事关系的规范体系。联合国国际贸易法委员会在《电子商务示范法》中给数据电文的定义是："'数据电文'是指经由电子手段、光学手段或类似手段生成、储存或传递的信息，这些手段包括但不限于电子数据交换（EDI）、电子邮件、电报、电传或传真。"当以数据电文为交易手段时，一般应由电子商务来调整。

## 二、物流法的概念和特征

物流法是指调整与物流活动有关的社会关系的法律规范的总称。到目前为止，我国还没有一部统一的物流法。由于物流活动本身涉及社会关系，所以与物流活动有关的法律规范的范围比较广。物流法具备的特征如下。

### 1. 综合性和多样性

由于物流活动涉及运输、仓储、包装、配送、搬运、流通加工和信息管理等各个环节，在每个环节形式上都存在须用法律对其活动加以规范和约束的问题，而且每个环节的法律规范在表现形式上又分为法律法规、规章和国际条约、国际惯例，以及各种技术规范和技术法规等不同的层次。所以，物流法律呈现综合性和多样性的特点。

### 2. 广泛性和复杂性

物流活动本身的特点及物流活动的市场管理者众多，所以在物流活动中，既有可能适用横向的民事法律规范，如运输合同、仓储合同、保管合同等合同法律规范；也有可能适用纵向的行政法律法规，如物流企业市场准入、物流市场监督管理等法律规范；在某些情况下还可能适用一些技术标准和技术规范。

### 3. 国际性

现代物流是经济全球化、一体化发展的产物。国际物流的出现和发展，使物流超越了一国和区域的界限，走向国际化。与物流国际化相适应，物流法律也呈现出国际化的趋势，这种趋势也会带来物流技术标准和工作标准在法律适用上的国际化。

### 4. 技术性

由于物流活动是由运输、包装、仓储和装卸等技术性较强的多个物流环节组成，整个物流活动过程都需要现代化信息技术和电子商务，所以物流自始至终都体现较高的技术含量。而物流法律作为调整物流活动、规范物流市场的法律规范，必然涉及从事物流活动的专业术语、技术标准、设备标准及设备操作规程等，从而具有技术性的特点。运输是生产的直接组成部分，没有运输，生产内部的各个环节就无法连接。

电子商务与物流的关系十分密切。可以说，电子商务是信息传播的保证，而物流则是执行的保证，没有物流，电子商务只能是一张空头支票；反过来，电子商务的发展也会对物流产生积极的影响。

物流法律法规的作用在于，保护物流活动当事人的合法权益，规范物流行为，促进和扶持物流行业的可持续性健康发展。

## 想一想

### 8 000元的包裹丢了，物流公司只赔75元

据原告范先生称，2024年8月15日，他委托武汉某物流公司，将自己的衣物和一些保健品运到江苏常州。物流公司工作人员提货后，开具了托运单，双方约定运费为15元，大约一周后到货。

一星期后，范先生在江苏常州没有等到包裹。又等了几天，还是没有来。范先生打电话给物流公司进行询问，才得知货物已经丢失。范先生找到物流公司，要求对方赔偿，但遭到拒绝。2024年10月，范先生向武汉市洪山区法院提起诉讼，要求物流公司赔偿丢失的物品共8 000余元。

法庭上，物流公司出示双方当初填写的托运单，其中有这样的约定：托运物品应办理货物运输保险，如在运输过程中丢失、损坏的按保价赔偿，没有保价的最高赔偿不高于运费的5倍。物流公司称，范先生没有申请保价，只能按运费的5倍赔偿，也就是只赔75元。

范先生则认为，是否选择保价运输，他有选择权。而且这种规定是物流公司的单方要求，是“霸王条款”，不符合国家法律的规定。

实践中，每家物流公司出示的托运单上都有“未保价物品如若丢失，赔偿不超过托运费的5倍（最多10倍）”的格式条款。选择保价后，出现损失时最终由保险公司赔，一般额度是丢失货值的80%。

按照《中华人民共和国民法典》（简称《民法典》）的规定，除了不可抗力和紧急避险等法律规定免责的外，造成货物丢失的应该按照实际损失全部赔偿。至于“保价”不保价没什么实际影响。事实上，很多货运公司收了托运人的保价费后，并没有再向保险公司投保。

法官表示，从事实来看，物流公司将包裹弄丢，肯定存在过错。顾客的东西丢失，也确实蒙受损失。但从法律角度看，现在物流方面的法律还处于空白，顾客如果没有很好地保留证据，胜诉往往有困难。

业内人士提醒：为了避免纠纷，一定要找有资质、信誉好的物流公司，在托运物品时最好选择“保价”，让物流公司查验包裹内的物品，并附上物品清单。

## 任务实施

（1）请同学们想一想为什么要重视电子商务和物流的安全性。

（2）请同学们结合以下案例分组讨论分析：虚拟财产在何种情形下应受到法律保护，适用于哪些条款？法院应该如何判决？自己有什么样的感想？

李某为某网络游戏的玩家，一日发现自己ＩＤ内所有的虚拟装备丢失，包括生化装备10件、毒药2个、生命水2份、战神甲1件等。李某与网络游戏运营商联系，该运营商仅能查询装备的流向：寄给玩家某某。李某向运营商索要玩家某某的详细资料，运营商以玩家资料属于个人隐私为由而拒绝提供。于是李某将该运营商告到法院，要求运营商赔偿其丢失的装备。该运营商认为，网络游戏中的装备等财产只是游戏中的信息，实质上只是一组电脑数据，本身并不以“物”的形式存在，运营商不能为不存在的东西负责。

## ◎ 任务评价

同学们，这次任务完成的情况如何？让我们从三个方面对这次任务的质量做一个评价，并将具体评价结果填写在表9-1、表9-2中。

**表9-1　任务执行情况评价表**

| 自我评价（占20%） | | |
|---|---|---|
| **主要评价内容** | **分值** | **得分** |
| 是否掌握所学的理论知识 | 5 | |
| 能否根据所学知识，对案例进行分析和思考 | 5 | |
| 能否根据电商物流法律知识来安全地完成各项工作 | 10 | |
| 合计 | 20 | |
| 小组评价（占30%） | | |
| **主要评价内容** | **分值** | **得分** |
| 是否积极参与了小组的活动，并对小组任务完成做出了贡献 | 10 | |
| 是否遵守小组的纪律，并听从小组安排 | 10 | |
| 是否与小组同学合作默契 | 10 | |
| 合计 | 30 | |
| 教师评价（占50%） | | |
| **主要评价内容** | **分值** | **得分** |
| 是否掌握了所学的基本知识 | 25 | |
| 能否按照老师的要求进行独立思考和分析，并进行总结 | 25 | |
| 合计 | 50 | |
| 评语 | 教师签名：<br>年　月　日 | |

表9-2 教师评语及其个人总结

| 项目 | | 内容 |
| --- | --- | --- |
| 评语 | | |
| 总结 | 学习收获 | |
| | 学习不足 | |
| | 如何改进 | |

## ◎ 拓展提升

请您从网上查找电子商务法和物流法相关资料，归纳总结电子商务法和物流法各自的特点，在此基础上总结两者之间的联系，对一些涉及电子商务法和物流法的案例进行分析，提高对电商物流法律的认知和对安全性的警惕。

## ◎ 豁然开朗

小茜通过对电子商务法和物流法的概念、特征的学习，以及在企业中进行的各种实践，实现了理论知识和实践知识的结合，认识到要重视电子商务和物流的安全性；在物流管理过程中，要认真研究网上交易、虚拟财产等电子商务形式及各种法律条款，才能在物流过程中规避风险，顺利完成工作。

# 任务二 电子合同、电子签名和物流合同

## ➢ 任务情景

小茜在法律部实习的过程中，亲身经历了由于电子合同和电子签名处理不当而导致的各种纠结的、棘手的、麻烦的法律问题；在协助部门领导和同事处理涉及电子合同和电子签名的法律问题过程中，理论知识得到了实践的检验，小茜由刚开始的懵懂到最后熟悉各个流程，大大提高了自己的职业素质和实践技能。

## ◎ ➢ 任务目标

1. 掌握电子合同、电子签名和物流合同的概念和特征

2. 能利用所学理论对电子合同和电子签名环节中容易出现的问题进行分析、防范，杜绝出现法律纠纷

## ➢ 知识准备

### 一、电子合同的概念和法律特征

电子合同，又称电子商务合同，根据联合国国际贸易法委员会《电子商务示范法》以及世界各国颁布的电子交易法，同时结合我国《民法典》的有关规定，电子合同可以界定为：电子合同是双方或多方当事人之间通过电子信息网络以电子的形式达成的设立、变更、终止财产性民事权利义务关系的协议。通过上述定义可以看出，电子合同是以电子的方式订立的合同，其主要是指在网络条件下当事人为了实现一定的目的，通过数据电文、电子邮件等形式签订的明确双方权利义务关系的一种电子协议。

电子合同作为一种法律概念并且是受《民法典》调整的合同，具有如下法律特征：

（1）两个以上法律地位平等的当事人意思表示一致的协议。

（2）以产生、变更或终止债权债务关系为目的。

（3）一种民事法律行为。

#### 1. 电子合同与传统合同的比较

电子合同是双方或者多方民事主体的法律行为，当事人之间以电子的方式设立、变更、终止财产性民事权利义务为目的，当事人之间签订的这种合同是合同的电子化，是合同的新形式。其特征如下：

（1）交易主体虚拟和广泛。电子合同订立的整个过程所采用的是电子形式，通过电子邮件、EDI等方式进行电子合同的谈判、签订及履行等。这种合同方式大大节约了交易成本，提高了经济效益。电子合同的交易主体可以是地球村的任何自然人和法人及其相关组织，这种交易方式当然需要提供一系列的配套措施，如建立信用制度，让交易的相对人在交易前知道对方的资信状况。在世界经济全球化的今天，信用权益必将成为一种无形的财产。

（2）技术化、标准化。电子合同是通过计算机网络进行的，它有别于传统的合同订立方式。电子合同的整个交易过程都需要一系列的国际国内技术标准予以规范，如电子签名、电子认证等。这些具体的标准是电子合同存在的基础，如果没有相关的技术与标准，电子合同是无法实现和存在的。

（3）合同订立电子化。我国《民法典》规定合同的订立需要有要约和承诺这两个过程，电子合同同样也需要具备这些要件。与传统合同不同的是，电子合同中的要约和承诺均可以用电子的形式完成，只要输入的信息符合预先设定的程序，计算机就可

以自动做出相应的意思表示。

(4) 合同中的意思表示电子化。意思表示的电子化，是指在合同订立的过程中通过相关的电子方式表达自己意愿的一种行为，这种行为的表现方式是通过电子化形式实现的。《电子商务示范法》中将电子化的意思表示称为“数据电文”。

### 2. 电子合同的订立与成立

(1) 电子合同的订立。电子合同的订立是指缔约人做出意思表示并达成合意的行为和过程。任何一个合同的签订都需要当事人双方进行一次或多次的协商、谈判，并最终达成一致意见，合同即可成立。

电子合同作为合同中的一种特殊形式，其成立与传统的合同一样，也需要具备相关的要素和条件。世界各国的合同法对合同的成立大都减少不必要的限制，这种做法是适应和鼓励交易行为、增进社会财富的需要。所以说，只要当事人之间就合同的主要条款达成一致意见，电子合同即可成立。

关于合同中的主要条款，现行的立法是很宽泛的，我国的《民法典》第四百七十条做了列举性的规定，但是该列举性规定是指一般条款。笔者认为，就合同的主要本质而言，在合同主要条款方面，如果当事人有约定，要以双方约定为主要条款；如果没有约定，可以根据合同的性质予以确定合同的主要条款。

(2) 电子合同的成立。电子合同的成立是指当事人之间通过电子手段达到具有法律约束力的合同关系的过程。

电子合同的成立与电子合同的订立是两个不同的概念，两者既有联系又有区别。电子合同的成立需要具备相应的要件，具体如下：

首先，订约人的主体是双方或者是多方当事人。合同的主体是合同关系的当事人，他们实际上是享受合同权利并承担合同义务的人。

其次，订约当事人对主要条款达成合意。合同成立的根本标志在于合同当事人就合同的主要条款达成合意。

再次，合同的成立应该具备要约和承诺两个阶段。《民法典》第四百七十一条规定：“当事人订立合同，可以采取要约、承诺方式或者其他方式。”

最后，电子合同的内容合法。电子合同不仅要符合法律的规定，而且其内容不得违反社会公共利益。在我国，凡属于严重违反公共道德和善良风俗的合同，应当认定为无效合同。

### 3. 电子合同订立系统

电子合同订立系统是指按照商务部的规定，具备缔约人身份认证、合同电子签名、合同存储与调用等功能，以实现在线订立电子合同及处理信息的系统。我国现行的法律规定无法确认电子合同的形式属于哪一种类型，尽管电子合同与传统合同有着许多差别，但是在形式要件方面不能阻挡新科技转化为生产力的步伐，立法已经在形式方面为合同的无纸化打开了绿灯。法律对数据电文合同应给予书面合同的地位，无论意思表示方式是采用电子的、光学的，还是未来可能出现的其他新方式，一旦满足了功能上的要求，就应等同于法律上的“书面合同”文件，承认其效力。

电子合同订立系统的特点如下：

（1）具备缔约人身份认证功能。电子合同订立系统只支持持有数字证书的企业或用户在线订立电子合同。而数字证书是由第三方电子认证机构颁发的，可以证明自己的身份及识别对方的身份。

（2）具备电子签名功能。电子合同订立系统通过电子签名技术来实现电子合同的签订。

（3）具备合同存储和管理功能。交易双方签订的电子合同可以存储在平台里，方便以后查阅、核对，以及打印等。

（4）具备便捷、低廉、有效的优势。

#### 4. 电子合同的效力

电子合同的成立及生效需要具备以下法定条件：

（1）行为主体具有相应的民事行为能力。

（2）电子意思表示真实。

（3）不违反法律和社会公共利益。

（4）合同必须具备法律所要求的形式。

## 二、电子签名

#### 1. 电子签名的概念

电子签名是指数据电文中以电子形式所含、所附用于识别签名人身份并表明签名人认可其中内容的数据。通俗点说，电子签名就是通过密码技术对电子文档的电子形式的签名，并非书面签名的数字图像化，它类似于手写签名或印章，也可以说它就是电子印章。

电子签名的用途：在电子版的中秋贺卡、结婚请帖、建筑合同上签名。从电子签名的定义中，可以看出电子签名的两个基本功能：

（1）识别签名人。

（2）表明签名人对内容的认可。

#### 2. 电子签名的适用范围

凡是能在电子通信中起到证明当事人的身份、证明当事人对文件内容认可的电子技术手段，都可以被称为电子签名。即只要符合下列条件就可认定为电子签名：

（1）须体现为电子形式。

（2）须依附于数据电文。

（3）须识别签名人的身份并表明签名人认可与电子签名相联系的数据电文内容。

在下列文书中不得使用电子签名：

（1）涉及婚姻、收养、继承等人身关系的。

（2）涉及土地、房屋等不动产权益转让的。

（3）涉及停止供水、供热、供气、供电等公用事业服务的。

（4）法律、行政法规规定的不适用电子文书的其他情形。

#### 3. 电子签名的认证和完整性

电子签名的认证，即电子签名的归属推定，是在交易当事人对签署者身份发生争议时所应采用的规则。在开放性的网络环境下，电子签名的应用存在着诸多不确定的风险。

电子签名的完整性主要是解决电子签名的数据电文在传输或存储中有无发生被非法修改的问题。

#### 4. 电子签名对签署者的效力

（1）签署者必须认可自己是数据电文的发送者。

（2）签署者必须认可或承认数据电文的内容，并且不能在事后以任何理由否认对数据电文内容的熟知、了解。

#### 5. 电子签名对数据电文内容的证据效力

《电子签名法》第七条规定："数据电文不得仅因为其是以电子、光学、磁或类似手段生成、发送、接收或储存的而被拒绝作为证据使用。"

#### 6. 电子签名对法律行为的效力

《电子签名法》第三条第一款、第二款规定："民事活动中的合同或其他文件、单证等文书，当事人可以约定使用或者不使用电子签名、数据电文。""当事人约定使用电子签名、数据电文的文书，不得仅因为其采用电子签名、数据电文的形式而否定其法律效力。"

### 三、物流合同

#### 1. 物流合同的概念

物流合同是指物流服务需求方与第三方物流经营人订立的，约定由物流经营人为物流服务需求方完成一定的物流行为，向物流服务需求方支付相应报酬的合同。

物流合同的特征：合同是平等的物流服务提供者与接受者之间实施的一种民事法律行为。合同以设立、变更或终止债权债务关系为目的和宗旨。合同是当事人协商一致的产物或意思表示一致的协议。

### 2. 物流合同内容

（1）当事人的名称或者姓名和住所。

（2）标的。

（3）数量和质量。

（4）价款或者报酬。

（5）履行期限、地点和方式。

（6）违约责任。

（7）解决争议的方法。

### 3. 物流合同订立

《民法典》第四百七十一条明确规定："当事人订立合同，可以采取要约、承诺方式或者其他方式。"这表明，合同的订立包括要约和承诺两个阶段。

（1）要约。

①要约的概念和构成要件。《民法典》第四百七十二条规定："要约是希望和他人订立合同的意思表示。"要约在商业活动和对外贸易中又称为发盘，发出要约的人为要约人，接受要约的人为受要约人，简称受约人。

要约的构成要件有：要约必须是特定人向相对人发出的意思表示；要约必须以缔结合同为目的；要约内容必须具体确定，足以成立合同。

②要约邀请。要约邀请，又称为要约引诱，是希望他人向自己发出要约的意思表示。

要约和要约邀请的区别有三：其一，要约的相对人是确定的；要约邀请的相对人是不确定的。其二，要约是当事人主动愿意缔结合同的意思表示；而要约邀请是当事人表达某种意愿的事实行为，是希望他人向自己发出要约的意思表示。其三，要约的内容要具备订立合同的必要条款；而要约邀请则不必具备。例如，寄送的价目表、拍卖公告、招标公告、招股说明书等都属于要约邀请。

## 想一想

2024年2月1日晚，莱阳市伊达实业公司经理王云辉下班时不慎将自己的皮包遗失在某公司门口，内有手机一部，现金7 100元，以及信用卡、单据、身份证和240吨化工原料的原始化验单。为了找回遗失物，王云辉打印了约20份寻物启事，张贴于街头和遗失地点周围的建筑物上，并在广播电台播出，均明确表示："如有拾到包者，愿酬谢人民币1万元；有提供线索者，愿酬谢人民币3 000元。"

悬赏广告，是不同于一般广告的一种特殊广告形式。它是广告人以广告的形式声明对完成悬赏广告中规定行为的任何人，给予广告中约定报酬的意思表示行为。只要有人完成了约定的行为，合同即告成立，广告人应依广告支付报酬，否则应承担违约责任及相应责任。

③要约生效。要约生效的时间：大陆法系国家一般采用"到达主义原则"，英美法系国家一般采用"投邮主义原则"或者叫"发信主义原则"

例如，6月1日，甲给乙发出一个要约，6月3日到乙。请问：要约什么时候生效？

解析：6月3日要约生效。

要约生效，有两层含义：一是甲要接受自己要约的拘束，不可能撤回，撤销也要受限制；二是乙取得承诺的权利。

④要约撤回。要约撤回是指要约人在发出要约以后，未生效前，宣告取消要约，使其不发生法律效力。

《民法典》规定："撤回意思表示的通知应当在意思表示到达相对人前或者与意思表示同时到达相对人。"

⑤要约撤销。要约撤销是指要约人在要约已经到达受要约人并生效后，将该项要约取消，使其不发生法律效力。

《民法典》第四百七十七条规定："撤销要约的意思表示以对话方式作出的，该意思表示的内容应当在受要约人作出承诺之前为受要约人所知道；撤销要约的意思表示以非对话方式作出的，应当在受要约人作出承诺之前到达受要约人。"

以下三种情况不可以撤销要约：

第一：要约明确规定承诺期限的。

例1，甲6月1日给乙发出一个要约，明确规定必须在6月10日前作出承诺。

第二：以其他形式明示要约不可撤销。

例2，甲6月1日给乙发出一个要约，写明不可撤销。

第三：受要约方有理由认为要约不可撤销，并为履行做了准备工作。

例3，甲发出一个要约，表示一定静候乙的回复。乙已经购买了原材料。

⑥要约失效。要约失效是指要约丧失其法律效力，当事人，尤其是要约人不再受其约束。《民法典》第四百七十八条规定："有下列情形之一的，要约失效：要约被拒绝；要约被依法撤销；承诺期限届满，受要约人未作出承诺；受要约人对要约的内容作出实质性变更。"

（2）承诺。

①承诺的概念及构成要件。承诺是受要约人同意要约的意思表示。

承诺需要具备三个条件：必须是受要约人作出的；必须在要约确定的承诺期限内到达；不得对要约的内容作出实质性变更。

承诺期限补充：超过承诺期限发出承诺的，一般承诺无效，为新要约。

承诺期限的两种情况：一是要约规定的承诺期限；二是要约没有明定承诺期限。在后一种情况下，如果要约是以对话方式作出的，应当即时作出承诺，当事人另有约定的除外；如果要约是以非对话方式作出的，承诺应在合理期限内作出。

承诺迟到：在承诺期限内发出承诺，按照通常情形能够及时到达要约人，但因其他原因承诺到达要约人时超过承诺期限的，一般承诺有效，除非要约人及时表示反对。

承诺人因自身的原因导致承诺迟到，原则上构成新要约，除非要约人明确表示接受。

承诺内容补充：承诺内容发生实质性变更——新要约。承诺对要约内容作出非实质性变更的，一般该承诺有效，合同内容以承诺内容为准。但有两种情况例外：一是要约人及时表示反对；二是要约表示不得对要约的内容作任何变更。

例如，甲给乙发出一个要约，乙全部承诺，但又加了一个条款，要求甲提供原产地证明。

请问：该承诺可以生效吗?

解析：这是非实质性变更，如果甲方没有表示反对，就产生两个效力：一是合同成立；二是甲方提供原产地证明这个义务订入合同，成为合同的内容。

②承诺撤回。撤回承诺的通知应当在承诺通知到达要约人之前或者与承诺通知同时到达要约人。

③承诺生效与合同成立。承诺生效即承诺产生法律效力，导致合同成立。

在承诺期限内，承诺通知到达要约人时生效。

在承诺期限内，承诺不需要通知的，根据交易习惯或者要约的要求作出承诺的行为时生效。

④承诺的生效补充。书面合同自当事人双方签字或盖章时合同成立。

例 1，甲向乙发出要约，乙承诺 6 月 9 日到甲处，双方 6 月 18 日在合同书上签字盖章。

请问：合同成立日期是哪天?

解析：6月 18 日是合同成立的日期。

例 2，北京碧新公司（甲）与上海浦东公司（乙）签订合同，双方意思表示一致后，甲于2024年6月1日签字盖章，发给乙；2024年6月3日到达乙，乙当天签字盖章，回寄给甲，2024年6月7日到达甲方。

请问：合同何时成立？

解析：乙签字盖章时合同就成立，即2024年6月3日合同成立。

注意：签字盖章的方式有：同时签字盖章；意思异地，一方先签另一方后签。后一方签字盖章完成时，合同就成立。

⑤效力。具体内容如下：

第一，合同的成立与生效。合同成立指合同当事人订立合同的行为完成，要约与承诺的过程已经结束或者双方已经签字盖章。合同生效是指合同产生法律效力。

第二，合同的有效要件。行为人具有相应的民事行为能力；意思表示真实；不违反法律或者社会公共利益。

第三，无效的物流合同。一方以欺诈、胁迫的手段订立合同，恶意串通，损害国家、集体或者第三人利益，以合法形式掩盖非法目的，损害社会公共利益，违反法律、行政法规的强制性规定。

⑥违约责任。违约责任，也称为违反合同的民事责任，指合同当事人因违反合同义务所承担的责任。物流合同违约责任即为物流合同当事人违反合同约定的义务或法律规定的义务而承担的责任。

通常情况下，违约责任旨在弥补或补偿因违约行为造成的损害后果。但是，在一定情况下，违约责任可能与补偿没有直接关系。违约金的数额可能高于或低于实际损害，但一般按约定的违约金赔偿。

## 延伸阅读

案例1，吉利公司于2024年2月17日上午用航空信件寄出一封信件给万福公司，信件中注明“不可撤销”，并规定万福公司在2月25日前答复有效。吉利公司于2月17日下午又用电报给万福公司发出撤回通知，该通知于2月18日上午送达万福公司。万福公司于2月19日收到吉利公司航空邮寄的信件。万福公司考虑到对方的价格十分有利，于是立即发出接收电报。

请问：吉利公司与万福公司之间订立的合同是否成立？为什么？

解析：合同不成立，因为吉利公司对之前发出的要约撤回成功。航空信中注明了“不可撤销”而不是“撤回”。

案例2，甲公司与乙公司之间有长期供货协议，要求甲公司必须在收到乙公司订单后2个星期内答复，如果甲公司在2个星期内未予答复，则视为已接受订单。2024年2月1日，甲公司收到乙公司订购1 000套服装的订单，同年2月25日甲公司通知乙公司无法供应1 000套服装。乙公司要求甲公司承担违约责任，甲公司认为合同未成立，不是违约，为此双方发生争议。

请问：甲公司与乙公司之间订立的合同是否成立？为什么？

解析：合同成立。因为要约内写明2个星期内未予答复，视为已接受订单。甲公司在2月25日通知乙公司无法供应服装，已超过收到订单日（2月1日）2个星期。所以合同成立，甲公司违约。

案例3，某果品公司因市场上西瓜脱销，向新疆某农场发出一份传真："因我市市场西瓜脱销，不知贵方能否供应。如有充足货源，我公司欲购十个火车皮。望能及时回电与我公司联系协商相关事宜。"农场因西瓜丰收，正愁没有销路，接到传真后，喜出望外，立即组织十个车皮货物给果品公司发去，并随即回电："十个车皮的货已发出，请注意查收。"在果品公司发出传真后，农场回电前，外地西瓜大量涌入，价格骤然下跌。接到农场回电后，果品公司立即复电："因市场发生变化，贵方发来的货，我公司不能接收，望能通知承运方立即停发。"但因货物已经起运，农场不能改卖他人。为此，果品公司拒收，农场指责果品公司违约，并向法院起诉。

请问：本案的纠纷是因谁的原因导致的？为什么？此案应如何处理？

解析：从某果品公司的传真内容来看，应该是要约邀请。"望能及时回电与我公司联系协商相关事宜"这句话很关键，果品公司只是询问，并没有承诺如果有就请发货的意思表示，不满足要约"表明经受要约人承诺，要约人即受该意思表示约束"的条件。

## ➢ 任务实施

（1）请同学们想一想：为什么要重视电子合同和电子签名的安全性呢？

（2）请同学们结合以下案例分组讨论分析：未成年当事人冒名订购网上物品，当事人是否具有行为能力？电子合同是否有效？法院应该如何判决？

一位刚上小学一年级的男童，在某购物网站以他父亲李某的身份证号码注册了客户信息，并且订购了一台价值1 000元的小型打印机。但是当该网站将货物送到李某家中时，曾经学过一些法律知识的李某却以"其子未满八周岁，是无民事行为能力人"为由，拒绝接收打印机并拒付货款。由此交易双方产生了纠纷。

李某主张，电子商务合同订立在虚拟的世界，但却是在现实社会中得以履行，应该也能够受现行法律的调控。我国现行《民法典》第二十条规定："不满八周岁的未成年人为无民事行为能力人，由其法定代理人代理实施民事法律行为。”李某之子刚上小学一年级，未满八周岁，不能独立订立货物买卖合同，所以该打印机的网上购销合同无效，李某作为其法定代理人有权拒付货款。

对此，某购物网站主张：由于该男童是使用其父亲李某的身份证登录注册客户信息的，从网站所掌握的信息来看，与其达成打印机网络购销合同的当事人是一个有完全民事行为能力的正常人，而并不是此男童。由于网站是不可能审查身份证来源的，也就是说网站已经尽到了自己的注意义务，不应当就合同的无效承担民事责任。

（3）请同学们结合所提供的案例分组讨论分析下列问题：这个网上竞拍的电子合同是否有效?为什么?本案反映出电子商务活动中的法律规范存在哪些问题?

韩某有一天在网上浏览，发现一辆二手帕萨特汽车起拍价只有 10 元，他想可能是网站在做什么促销活动，就参加了竞拍。几轮下来他成功了，成交价是 116 元。网站通过电子邮件进行了确认，并给他发来了电子合同。韩某根据网站提供的电话，跟卖主联系，卖主是一家卖二手车的汽车经销公司，也收到了网站发来的那份电子合同，但是该公司坚决不同意交车，理由是这份合同无效，因为汽车的起拍价是 10 万元而不是 10 元，在网站上显示的 10 元起拍价是由于其工作人员输入失误造成的；他们认为 116 元就将车卖了，这样一个合同是不公平的。韩某的手上有三份证据：一是网络公司给他发来的电子确认书，二是电子合同，三是整个交易过程的证据。经多次交涉无果，韩某最后只好将汽车经销公司告到法院。

## ◎ 任务评价

同学们，这次任务完成的情况如何？让我们从三个方面对这次任务的质量做一个评价，并将具体评价结果填写在表9–3、表9–4中。

**表9–3 任务执行情况评价表**

| 自我评价（占20%） | | |
|---|---|---|
| **主要评价内容** | **分值** | **得分** |
| 是否掌握所学的理论知识 | 5 | |
| 能否根据所学知识，对案例进行分析和思考 | 5 | |
| 能否科学订立电子合同、合理使用电子签名 | 10 | |
| 合计 | 20 | |

续表

| 小组评价（占30%） | | |
|---|---|---|
| **主要评价内容** | **分值** | **得分** |
| 是否积极参与了小组的活动，并对小组任务完成做出了贡献 | 10 | |
| 是否遵守小组的纪律，并听从小组安排 | 10 | |
| 是否与小组同学合作默契 | 10 | |
| 合计 | 30 | |
| 教师评价（占50%） | | |
| **主要评价内容** | **分值** | **得分** |
| 是否掌握电子合同和电子签名的内涵 | 25 | |
| 能否根据所学知识，对案例进行分析和思考 | 25 | |
| 合计 | 50 | |
| 评语 | 教师签名：<br>年　月　日 | |

**表9–4　教师评语及其个人总结**

| 项目 | | 内容 |
|---|---|---|
| 评语 | | 教师签名：<br>年　月　日 |
| 总结 | 学习收获 | |
| | 学习不足 | |
| | 如何改进 | |

## ◎ 拓展提升

### 电子合同与传统合同的区别

在电子商务中，合同的意义和作用没有发生改变，但其形式却发生了极大的变化：①订立合同的双方或多方大多是互不见面的。所有的买方和卖方都在虚拟市场上运作，其信用依靠密码的辨认或认证机构的认证。

②传统合同的口头形式在贸易上常常表现为店堂交易，并将商家所开具的发票作为合同的依据。而在电子商务中，标的额较小、关系简单的交易没有具体的合同形式，表现为直接通过网络订购、付款，如利用网络直接购买软件。

③表示合同生效的传统签字盖章方式被数字签字所代替。

④传统合同的生效地点一般为合同成立的地点。而采用数据电文形式订立的合同，收件人的主营业地为合同成立的地点；没有主营业地的，其经常居住地为合同成立的地点。

电子合同被人们越来越广泛地从行业内部到跨行业、跨部门、跨国界所应用，成为市场竞争中必不可少的手段之一。是否使用EDI拟订电子合同，已直接影响到国际贸易的发展。美国和欧共体大部分国家的海关宣布，1992 年起采用EDI方式办理海关业务，贸易者如不采用EDI方式，其海关手续将被推迟处理，或不被选为贸易伙伴。由于EDI通过标准电子单证通信方式，它的使用能大大提高工作效率，使烦琐的审批手续、大量的单证制作成为历史。因此，它广泛用于海关、工商、税务及其他政府职能部门的业务审批工作。

### ◎ 豁然开朗

小茜通过学习电子合同和电子签名的概念和特征，对电子合同、电子签名、物流合同有了一个直观的认识；在处理各种纠纷的过程中，理论知识也得到了检验，对电子合同和电子签名环节中容易出现的问题能进行正确的分析、判断，采取防范措施。小茜意识到，要做好电子合同、电子签名、物流合同安全工作，必须认真细致，杜绝出现法律纠纷。

## 任务三 物流相关法律法规

### ➤ 任务情景

小茜在法律部实习的过程中，亲身经历了由于运输、仓储、加工配送法律处理不当而导致的各种纠结的、棘手的、麻烦的法律问题；在协助部门领导和同事处理各种法律问题的过程中，理论知识得到了实践的检验，小茜由刚开始的懵懂到最后熟悉各个流程，大大提高了自己的职业素养和实践技能。

### ◎ ➤ 任务目标

1. 掌握物流相关的运输、仓储、加工配送的法律法规

2. 能利用所学知识对运输、仓储、加工配送的风险进行分析和判断

## ➢ 知识准备

物流法律法规是指调整在物流活动中产生的以及与物流活动相关的社会关系的法律规范的总和。从法律效力角度来看，物流法律法规可分为以下七类：一是法律；二是行政法规；三是规章；四是地方性法规；五是国际条约；六是国际惯例；七是技术标准。主要包括两个范畴：物流活动当事人之间的关系——民法范畴；国家行政机关与物流活动当事人之间的关系——行政法范畴。

物流法律法规的形式见表9–5。

表9–5　物流法律法规的形式

| 物流法律法规的形式 | 制定主体 | 地位及效力 | 表现形式 |
|---|---|---|---|
| 法律 | 全国人民代表大会及常委会 | 仅次于宪法 | 中华人民共和国××法 |
| 行政法规 | 国家最高行政机关国务院 | 仅次于宪法和法律 | ××条例、××实施细则 |
| 规章 | 国务院各部委及其所属机构，包括省、自治区、直辖市等地方政府 | 不得与宪法、法律和行政法规相抵触 | ××规章、××办法等 |
| 地方性法规 | 各省、自治区、直辖市人民代表大会及其常委会 | 仅次于宪法、法律及行政法规 | ××地方××条例、暂行办法等 |
| 国际条约（国际标准） | 国际组织、协定参加国 | 以不与本国法律冲突为原则 | 公约、换文、协定 |
| 国际惯例 | 国际商会 | 以不与本国法律冲突为原则 | ××惯例、××通则 |
| 技术标准 | 受委托机构、行业协会等 | 源于法律授权，可成为法律技术规范 | 国家标准、行业标准、企业标准 |

### 一、货物运输合同

#### 1. 货物运输合同的概念、特征

（1）货物运输合同的概念。货物运输合同是承运人将货物从起运地运输到约定地点，托运人或者收运人支付运输费用的合同。

（2）货物运输合同的主要特征如下：

第一，货物运输合同的标的是运输行为，而不是被运送货物本身。

第二，货物运输合同是双务合同。

第三，货物运输合同是有偿合同。

第四，货物运输合同大多是诺成合同。

第五，货物运输合同可以是“第三人利益合同”。

第六，货物运输合同可以采用留置的方式担保。

第七，货物运输合同一般为格式合同。

### 2. 货物运输合同的主体

（1）承运人。

（2）托运人。

（3）收货人。

### 3. 货物运输合同当事人的权利与义务

（1）托运人的主要权利。《民法典》第八百二十九条规定：“在承运人将货物交付收货人之前，托运人可以要求承运人中止运输、返还货物、变更到达地或者将货物交给其他收货人，但是应当赔偿承运人因此受到的损失。”托运人变更或解除运输合同无须提出理由或征得承运人的同意。托运人因变更或撤销运输合同赔偿承运人的损失应当包括装货、卸货和其他有关费用。但收货人变更或解除运输合同，须在货物交付收货人之前，由此给承运造成的损失，收货人应予以赔偿。

（2）托运人的主要义务。

①如实申报货物内容。

②向承运人提交有关手续文件。

③妥善包装。

④托运危险品的告知义务。托运人如托运易燃、易爆、有毒、有腐蚀性、有放射性的货物，应将有关危险品的名称、性质和防范措施的书面材料提交承运人。托运人未尽此项义务，承运人有权拒绝运输，也有权采取相应措施以避免损失的发生，因此产生的费用由托运人承担。

（3）承运人的主要权利。

①承运人的留置权。《民法典》第八百三十六条规定：“托运人或者收货人不支付运费、保管费或其他运输费用的，承运人对相应的运输货物享有留置权，但当事人另有约定的除外。”

②承运人的提存权。《民法典》第八百三十七条规定：“收货人不明或者收货人无正当理由拒绝受领货物的，承运人依法可以提存货物。”

③收取承运费的权利。

### 4. 承运人的主要义务

（1）承运人应按时、按地、安全地完成运输业务。

（2）通知义务。

5. 承运人对运输中的货物毁坏、灭失承担责任

（1）承运人可以免除的赔偿责任。出现以下情况之一可免除承运人的赔偿责任：

①货物毁坏、灭失是由于不可抗力造成的。

②货物的毁坏、灭失是由于货物本身的自然性质或者合理损耗造成的。

③货物毁坏、灭失是由于托运人、收货人的过错造成的。

（2）在货物发生毁损、灭失的情况下，货物的赔偿额确定遵循以下原则：如果当事人对货物毁坏、灭失的赔偿额有约定就应当按约定数额进行赔偿；如果当事人对赔偿额没有约定或者约定不明确，可以协议补充；如果依照上述原则仍不能确定赔偿额，则按照交付或者应当交付时货物到达地的市场价格计算。

6. 运输过程中货物毁损、灭失的赔偿责任

对货物毁损、灭失时，承运人是否都应承担赔偿责任，要视具体情况而定。各国法律一般都对承运人的赔偿责任及其范围给予一定的限制，均不实行完全赔偿责任。

目前我国法律对货物毁损灭火的赔偿责任分为两种情况：

第一，对未保价货物受损方面的规定。赔偿范围不包括债权人因此所受的可得利益的损失，并且不能超过主管部门规定的责任限制。但对货物的损失由承运人故意造成时，承运人应赔偿全部损失。即根据《民法典》第八百三十三条的规定："货物毁损、灭失的赔偿额，当事人有约定的，按照其约定；没有约定或约定不明确，按照本法第五百一十条的规定仍不能确定的，按照交付或应当交付时货物到达地的市场价格计算。法律、行政法规对赔偿额的计算方法和赔偿额另有规定的，依照其规定。"

第二，对已保价运送货物赔偿的规定。托运人办理保价运送的，在该货物受损时，承运人应赔偿托运人的实际损失，但要以保价金额或托运声明的金额为限。如果损失是由于承运人故意或重大过失造成的，不能适用赔偿限额的规定。

7. 多种运输方式下适用的法律法规和国际公约

（1）水路运输方式下适用的法律法规和国际公约。水路运输方式包括国际海上运输、沿海和内河运输。水路运输方式国内法律法规有：《中华人民共和国海商法》《中华人民共和国国际海运条例实施细则》《中华人民共和国水路运输管理条例》《道路危险货物运输管理规定》《中华人民共和国国际货物运输代理业管理规定实施细则》等。国际公约有：《统一提单的若干法律规则的国际公约》《联合国海上货物运输公约》《联合国国际货物多式联运公约》等。

（2）陆路运输方式下适用的法律法规和国际公约。陆路运输方式有铁路和公路运输。陆路运输对货物在大陆内的流通起着重要作用，铁路和公路运输又有自己的运输特点。

公路运输方式国内法律法规有：《中华人民共和国公路法》《道路危险货物运输管理规定》。国际公约有：《国际公路货物运输合同公约》《国际公路运输公约》。

铁路运输方式国内法律法规有：《中华人民共和国铁路法》等。国际公约有：《国际铁路货物联运协定》《国际铁路货物运输公约》。

（3）航空运输方式下适用的法律法规和国际公约。航空运输方式国内法律法规有：《中华人民共和国民用航空法》《中国民用航空货物国际运输规则》。国际公约有：《统一国际航空运输某些规则的公约》。

（4）多式联运方式下适用的法律法规和国际公约。我国有关多式联运的法律法规有：《中华人民共和国海商法》。国际公约有：《联合国国际货物多式联运公约》。

## 二、仓储合同

### 1. 仓储合同的概念和法律特征

（1）仓储合同的概念。仓储合同，又称仓储保管合同，是指双方当事人约定一方接受报酬而为另一方提供仓储保管服务的合同。仓储合同一方称为存货方，是仓储服务的需求者；另一方称为保管方，是仓储服务的提供者。

（2）仓储合同的法律特征。

第一，仓储合同为诺成合同。《民法典》第九百零四条规定："仓储合同是保管人储存存货人交付的仓储物，存货人支付仓储费的合同。"《民法典》第九百零五条规定："仓储合同自保管人和存货人意思表示一致时成立。"由此可知仓储合同是诺成合同。

第二，仓储合同的一方当事人必须具备专业资格。从事仓储业务资格是指仓储保管人必须取得专门从事或者兼营仓储业务的营业许可。一般而言，经工商行政管理机关核准，依法从事仓储报关业务的法人、其他组织或个人都可以成为保管人。这是仓储合同不同于一般保管合同的特征之一，因为法律对保管合同的主体未作限定性规定。

第三，仓储合同为双务有偿合同。从事仓储业务资格是一种商业营利活动，因此仓储合同的双方当事人互负给付义务，一方的义务即是对方的权利。保管人提供仓储服务，存货人给付报酬和其他费用。这与一般的保管合同不同，因为保管合同既可有偿也可无偿。有偿或无偿取决于当事人的意愿，在未作约定或约定不明确时，应视为无偿。

第四，仓储合同的标的物必须为动产。由于仓储合同是由仓库营业人提供存储、保管及其他服务的合同，存货人应当将仓储物交付给仓库营业人，由仓库营业人按照合同的约定进行存储和保养，这就要求仓储物能够完整地入库、出库，才能保证仓库营业人利用仓储设备不断地运入、运出货物，从而不断地开展其他业务。因此，仓储合同的标的物只能是动产。不动产不能完整地入库、出库，自然不能成为仓储合同的标的物。但是，并不是所有的动产都能成为仓储合同的标的物，一般情况下是作为生产资料的动产，而不包括一般零星生活用品。

第五，仓单是仓储合同的必备条件。《民法典》第九百一十五条规定："储存期限届满，存货人或者仓单持有人应当凭仓单、入库单等提取仓储物。"仓单是由保管人在收到仓储物时向存货人签发的、标明已收到一定数量仓储物的法律文书。仓单作为法定的提取或存入仓储物的书面凭证，是每一份仓储合同必备的，因此仓单是仓储合同中最为重要的法律文书之一。

第六，仓储合同一般是格式合同。经营公共仓库的保管人为了与多数相对人订立仓储合同，通常以存货单、入库单等形式，事先拟订好仓储合同的大部分条款。在实际订立仓储合同时，双方可以通过协商，将议定的内容填进去从而形成仓储合同，而不另行签订独立的仓储合同。

### 2. 仓储合同的内容

（1）当事人的姓名或名称及住所。当事人是合同权利和义务的承受者，如果没有当事人，就无法实现合同的权利、承担合同的义务。因此，仓储合同的首要内容就是表明有关当事人的信息，仓储合同的当事人一般是指存货人和保管人。

（2）仓储物的品名、品种、规格。仓储合同的标的物是仓储物，对仓储物进行具体详细的描述有助于维护当事人的权利，因此合同当事人要明确规定仓储物的品名、品种和规格。

（3）仓储物的数量、质量、包装、件数和标记。在仓储合同中，应明确规定仓储物的计量单位、数量和仓储物质量，以保证双方顺利履行合同。同时，双方还要对货物的包装、件数及包装上的货物标记作出约定。双方要根据货物的性质、仓库中原有货物的性质、仓库的保管条件等约定货物进行何种包装。

（4）仓储物验收的项目、标准、方法、期限和相关资料。对仓储物的验收，主要是指保管人按照约定对入库仓储物进行验收，以确定仓储物入库时的状态。仓储物验收的具体项目、标准、方法、期限等应当由当事人根据具体情况在仓储合同中事先作出约定。如果储存易燃、易爆、有毒、有腐蚀性、有放射性等危险物品或易变质物品，存货人应当说明该物品的性质，并提供有关资料。

（5）仓储物的储存期间、保管要求和保管条件。储存期间是指仓储物在仓库的存放时间，期间届满，存货人或仓单持有人应当及时提取货物。保管要求是指存货人针对仓储物的特征，为保持其状态、性质、功能完好，而要求保管人提供的具体条件和标准。对一些特殊性质的仓储物，如易燃、易爆、有毒、有腐蚀性、有放射性等危险物品，保管人还应该提供相应的保管条件。因此，为便于双方权利、义务和责任划分，当事人双方一定要对储存期间、保管要求和保管条件作出明确具体的约定。

(6) 仓储物进出库手续、时间、地点和运输方式。仓储物的入库，即意味着保管人保管义务的开始；而仓储物的进库，则意味着保管人保管义务的终止。因此，仓储物进出库的时间、地点关系着双方是否履行实际义务。而且，仓储物进库的运输方式不同，也会影响双方权利的实现，乃至影响双方的责任划分。

(7) 仓储物的损耗标准和损耗处理。仓储物在储存、运输、搬运过程中，由于自然现象（如干燥、风化、挥发、黏结等）、货物本身的性质、度量衡的误差等原因，不可避免地要发生一定数量的减少、破损或计量误差。对此，当事人应约定一个损耗的标准，并约定损耗发生时的处理方法。当事人对损耗标准没有约定的，应当参照国家有关主管部门规定的相应标准。

(8) 计费项目、标准的结算方式。仓储合同的一方当事人是专业性和营利性的民事主体，它通过提供仓储服务获得收益，因此会根据仓储物的性质、保管条件、提供服务等因素收取费用。因此，双方当事人要本着平等、公平原则，友好协商计费标准及结算方式。

(9) 违约责任条款。违约责任条款是对一方当事人违反合同约定义务时应如何承担违约责任进行的约定。为保护双方当事人的权利，在仓储合同中应当约定违约责任。违约责任的承担方式包括继续履行、支付违约金、赔偿损失等。

除此之外，双方当事人还可以根据具体情况，就变更和解除合同的条件、期限及争议的解决方式作出约定。

## 三、配送合同

物流企业与用户签订配送合同，为用户提供短距离的货物配送服务，包括拣选、配货、包装、加工、送货、订货、购货等全部或部分配送环节，还可以根据用户要求提供长距离干线运输或专门仓储服务。物流企业作为配送人，与用户形成配送合同法律关系，双方的权利义务按配送合同的约定，适用于《民法典》总则要求，并参照法律最类似的规定确定。

### 1. 配送合同的概念

配送合同是配送人根据用户需要为用户配送商品，用户支付配送费的合同。用户是配送服务的需求者，配送人是配送服务的提供者。配送合同是具有仓储、运输、买卖、加工承揽和委托合同的某些特征的一种无名合同。在我国现行法律规定中，没有关于配送合同的专门规定，所以配送合同属于一种无名合同。

### 2. 配送合同的种类

(1) 配送服务合同。配送服务合同是指配送人接收用户的货物，予以保管，并按照用户的要求对货物进行拣选、加工、包装、分割、组配作业，最后按照用户指定时间、指定地点交付，并由用户方支付服务费的合同。

（2）销售配送合同。销售配送合同是指配送人将物品所有权转移给用户的同时为用户提供配送服务，由用户支付配送费（包括标的物价款和配送服务费）的合同。具体有以下几种情况：

①销售企业与买受人签订的销售配送合同。在销售配送与销售–供应一体化配送中，销售企业与买受人签订的合同就是销售配送合同，销售企业出于促销目的，在向用户出售商品的同时又向买受人、承诺人提供配送服务。销售企业为用户提供配送服务的承诺构成了销售合同的一个部分，不存在独立的配送合同。用户作为商品的购买者，双方的权利和义务主要依据销售合同约定，这是在销售配送经营形式中普遍采用的方式。

②物流企业与用户签订的销售配送合同。在物流企业与用户签订的销售配送合同中，除约定物流企业的配货、送货等流通服务义务之外，还约定物流企业应负责订货、购货，实质是买卖合同与配送合同紧密结合的有机体，这是一种商流合一的配送服务形式。即物流企业根据用户所需要的商品型号、种类、规格、颜色、数量、各部件的要求等信息，负责为用户提供订货、购货（包括原材料、零部件）、配送、送货等服务。

#### 3. 配送合同的主要内容

（1）配送人与用户姓名或名称和住所。

（2）服务目标。

（3）服务区域。

（4）配送服务项目。

（5）服务资格管理。

（6）交货。

（7）检验。

（8）配送费及支付。

（9）合同期限。

（10）合同变更与终止。

（11）违约责任。

（12）争议解决。

## ➢ 任务实施

### 一、拟订仓储合同

以小组为单位，讨论仓储合同双方的权利和义务，并参照仓储合同范本，拟订一份具体的仓储合同。

## 二、案例分析

（一）货物运输法律法规

案情：2024 年，中国A进出口公司（发货人）委托B对外贸易运输公司将 750 箱海产品从上海港出口运往印度，B对外贸易运输公司又委托其下属S分公司代理出口。S 分公司接受委托后，向P远洋运输公司申请舱位，P远洋运输公司指派了箱号为HTM—5005 等 3 个满载集装箱后签发了清洁提单，同时发货人在中国人民保险公司处投保海上货物运输的战争险和一切险。货物运抵印度港口，收货人拆箱后发现部分海产品因箱内不清洁而腐烂变质，即向中国人民保险公司在印度的代理人申请查验。检验表明，200 箱海产品被污染。检验货物时，船方的代表也在场。为此，中国人民保险公司在印度的代理人赔付了收货人的损失之后，中国人民保险公司向人民法院提起诉讼。

请问：

（1）在集装箱运输中，P远洋运输公司应负有什么义务？它是否应对损失负责？

（2）在集装箱运输中，S分公司应负有什么义务？它是否应对损失负责？

（3）中国人民保险公司是否是适格的原告？为什么？

（4）如果中国人民保险公司有资格作为原告，它应将谁列为被告？

（二）仓储与保管

案情：甲公司为某精肉生产商，乙公司为某物流服务商，专为甲公司等几家精肉生产商提供精细包装、仓储和定时配送服务。2024 年 6 月 2 日，乙公司将甲公司已加工好的猪肉进行包装完毕后存入其第 7 号冷库储存。同年 6 月 4 日，乙公司要扩建仓库通道，通道暂行阻塞，便打开 7 号冷库前后门，时间长达两个小时，在温度超标准很长一段时间后才关闭前后门并强行降温。6 月 8 日，当甲公司派人查看猪肉时，发现包装纸箱上有水珠，猪肉表面有黄斑点，甲公司速将猪肉取样送市卫生防疫站化验，结果表明肉质软化，缺乏光泽，有酸味，肉质严重下降。乙公司为了避免纠纷，同意减少仓储费 2 000 元，并以每吨 6 065 元的价格买下全部存货由其负责处理。甲公司为了从速处理冻肉，防止继续变质，同意了这种办法，收回货款 48 630 元，但仍造成经济损失 10 984 元。猪肉处理完毕后，甲公司要求乙公司赔偿损失，双方为此发生了纠纷。乙声称其已收购了甲公司的猪肉，而因此承担了大部分损失，问题已经解决，甲公司再要求赔偿没有道理。甲公司则认为，将猪肉卖给乙公司是为了防止损失继续扩大，乙公司的违约责任并未解除。

请问：甲公司的经济损失应该由谁来承担？为什么？

## ◎ 任务评价

同学们，这次任务完成的情况如何？让我们从三个方面对这次任务的质量做一个评价，并将具体评价结果填写在表9–6、表9–7中。

表9–6　任务执行情况评价表

| 自我评价（占20%） | | |
|---|---|---|
| **主要评价内容** | **分值** | **得分** |
| 是否掌握所学的理论知识 | 5 | |
| 能否根据所学知识，对案例进行分析和思考 | 5 | |
| 在实习和工作中，能否根据法律来安全地完成各项工作 | 10 | |
| 合计 | 20 | |
| 小组评价（占30%） | | |
| **主要评价内容** | **分值** | **得分** |
| 是否积极参与了小组的活动，并对小组任务完成做出了贡献 | 10 | |
| 是否遵守小组的纪律，并听从小组安排 | 10 | |
| 是否与小组同学合作默契 | 10 | |
| 合计 | 30 | |
| 教师评价（占50%） | | |
| **主要评价内容** | **分值** | **得分** |
| 是否掌握所学的基本知识 | 25 | |
| 能否按照老师的要求，进行独立思考和分析，并进行总结 | 25 | |
| 合计 | 50 | |
| 评语 | 教师签名：<br>年　　月　　日 | |

表9-7　教师评语及其个人总结

| 项目 | | 内容 |
| --- | --- | --- |
| 评语 | | 教师签名：<br>年　月　日 |
| 总结 | 学习收获 | |
| | 学习不足 | |
| | 如何改进 | |

## 知识窗

### 我国物流立法现状

物流法是指国家制定的调整与物流活动相关的社会关系的法律制度的总称。我国至今尚无一部处于核心地位的专门调整物流关系的物流法，现行物流法律制度按照法律效力分为以下三类：一是直接为物流而制定的法律，如《中华人民共和国海商法》《中华人民共和国铁路法》等；二是行政法规，涉及物流的行政法规；三是由中央各部委颁布的部门规章和地方性法规、规章。另外，还包括有关物流的国际条约、国际惯例以及各种技术规范和技术标准等。调整内容涉及物流活动主体以及物流活动中的运输、贸易、仓储保管、包装、搬运配送、流通加工、货运代理、保险、电子商务等环节以及市场竞争规制。

## ◎ 豁然开朗

小茜通过对物流相关的运输、仓储、加工配送的法律法规的概念和特征的学习，已掌握运输法律法规、仓储法律法规、加工法律法规、物流配送法律制度的知识，能利用所学知识对运输、仓储、加工配送的风险进行分析和判断，采取防范措施。要做好这些工作，必须好好学习，会运用各项技能，认真细致，杜绝出现法律纠纷。

## ◎ 应用训练

### 一、训练目标

#### 模拟创建一家小型物流公司

通过申请创建物流公司能力的训练，了解我国物流企业的市场准入条件，掌握设立通常的物流企业和特殊物流服务企业的要求。熟悉物流企业业务，认识物流企业的性质、设立条件和设立程序。

## 二、训练准备

分组训练。每组不超过5人，组成一个欲成立拥有10万元资金的物流公司的团队。

## 三、训练办法

1. 小团队成员召开会议，进行调查与讨论，为公司取名。

2. 研究企业的经营项目、场地设置、设备采购等资金分布情况。

3. 研究企业机构设置、各自分工和岗位责任规章制度等。

4. 撰写工商注册资料，法人代表及简历、股东、公司名称、场地、经营范围、股东出资比例、公司机构设置、公司资产状况等。

## 四、考核办法

每组各递交一份书面文件（物流公司工商注册资料），打印或手写均可，并各派一位代表上台就公司成立细节作介绍。据此考核打分。

# ◎ 学后测评

**一、判断题**

1. 电子商务技术手段的复杂性及需要第三方的技术服务，体现了电子商务法的技术性这一法律特征。（　　）

2. 当事人约定使用电子签名、数据电文的文书，不得仅因为其采用电子签名、数据电文的形式而否定其法律效力。（　　）

3. 电子签名是指数据电文中以电子形式所含、所附用于识别签名人身份并表明签名人认可其中内容的数据。（　　）

4. 仓储合同的标的物必须为动产。（　　）

5. 承揽人对于定做人提供的材料及完成的工作成果，因保管不善造成毁损、灭火的，承揽人可以不承担赔偿损失。（　　）

**二、不定项选择题**

1. 电子商务法的调整对象是（　　）。

A. 民事法律关系

B. 商事法律关系

C. 与物流活动有关的社会关系

D. 以数据电文为交易手段而形成的商事关系

2. 下列有关电子商务合同的表述不正确的是（　　）。

A. 电子商务合同是一种民事法律行为

B. 电子商务合同的交易主体具有虚拟性

C. 电子商务合同以当事人签名或盖章表示生效

D. 电子商务合同是通过计算机网络进行的

3. 货物运输中承运人可以免责的情形不包括（　　）。

A. 不可抗力　　B. 货物本身的合理损耗

C. 收货人的过错　　D. 承运人自己的过失

4. 有关多式联运合同的说法正确的是（　　）。

A. 多式联运必须包括公路运输方式

B. 多式联运合同只是一个合同，不是数个运输合同

C. 多式联运合同的托运人为两人以上

D. 多式联运合同须多次交费

5. 加工承揽合同的主要内容不包括（　　）。

A. 标的　　B. 报酬　　C. 材料的提供　　D. 服务资格管理

6. 以下属于物流法的特征的是（　　）。

A. 技术性　　B. 国际法　　C. 多样性　　D. 商标法

7. 不得使用电子签名的情形有（　　）。

A. 涉及土地房屋转让的　　B. 涉及危险品货物买卖的

C. 涉及公共事业服务的　　D. 涉及婚姻关系的

8. 货物运输合同的特征包括（　　）。

A. 货物运输合同是无偿合同　　B. 货物运输合同是诺成合同

C. 货物运输合同是格式合同　　D. 货物运输合同是双务合同

9. 货物运输合同的主体包括（　　）。

A. 承运人　　B. 托运人　　C. 收货人　　D. 卸货人

10.电子商务法的法律特征包括（　　）。

A. 商法性　　B. 技术性　　C. 开放性和兼容性　　D. 复合性

**三、思考题**

1. 电子合同的成立及生效需要具备哪些法定条件？

2. 简述物流法的概念和特征。

3. 简述货物运输合同当事人的权利与义务。

4. 简述运输过程中货物毁损、灭失的赔偿责任。

# 参考文献

[1] 罗佩华.物流法律法规[M].北京：清华大学出版社，2013.

[2] 李爱华，王宝生.物流法律法规：第3版[M].北京：清华大学出版社，2021.

[3] 王芸.物流法律法规与实务：第3版[M].北京：电子工业出版社，2017.

[4] 唐四元，马静.现代物流技术与装备：第3版[M].北京：清华大学出版社，2018.

[5] 郭彦峰.物流包装：第2版[M].北京：清华大学出版社，2019.

[6] 陆冰.金牌客服口才训练与实用技巧[M].北京：民主与建设出版社，2018.

[7] 中国食品报."绿色"引领食品包装新风尚[EB/OL].（2022-02-16）[2023-02-16]. http：//www.cnfood.cn/article?id=1493523565819166721.